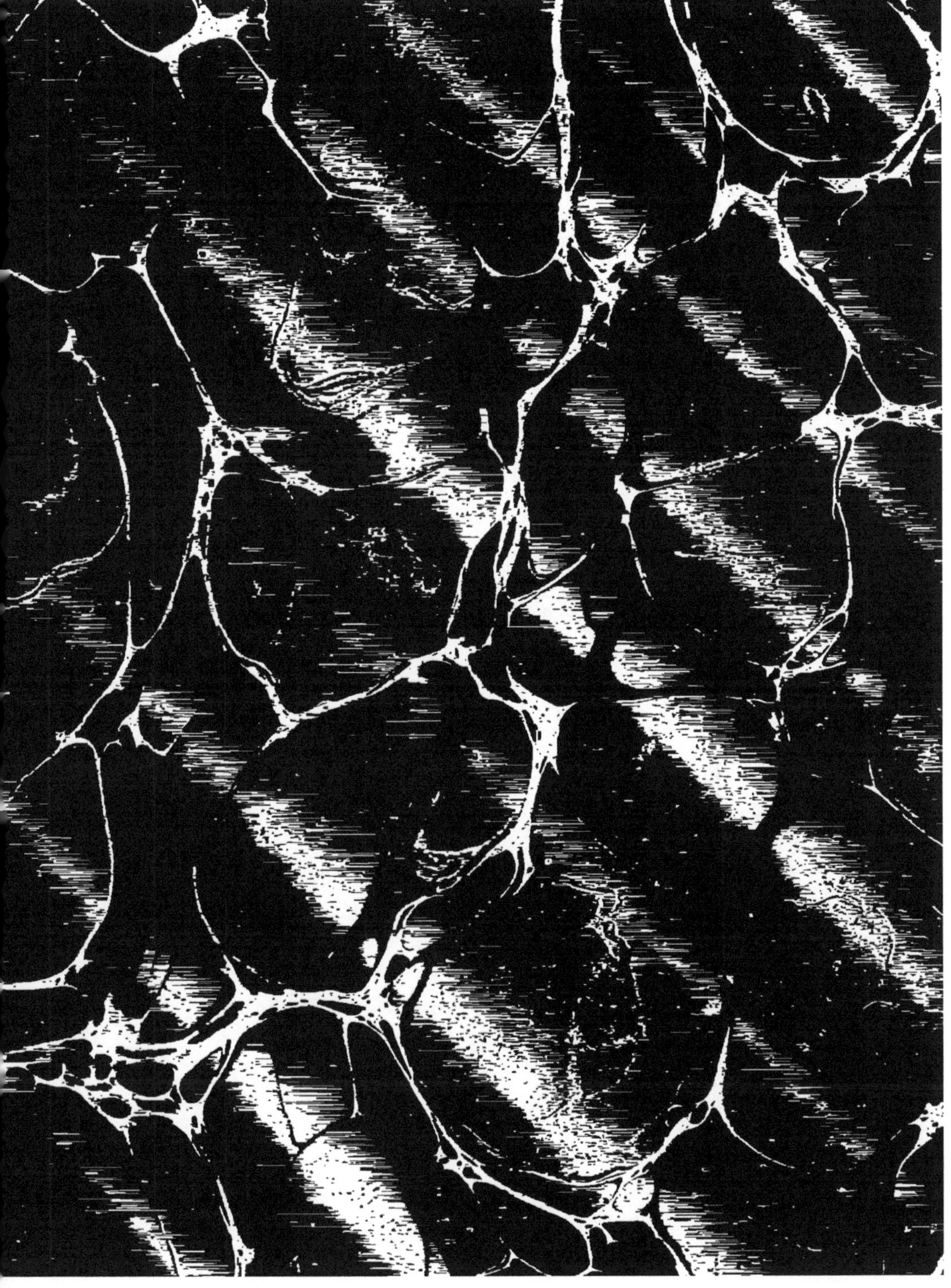

I. BOULANGER

LA VIE

DE

DENIS ÉPITALON

RACONTÉE A SES PETITS-FILS

par

l'Abbé F. Coron, leur Précepteur

Plutôt moarir que dégénérer.

SAINT-ÉTIENNE

IMPRIMERIE F. FORESTIER ET Cie

2, rue de la Bourse, 2

1876

LA VIE

DE

DENIS ÉPITALON

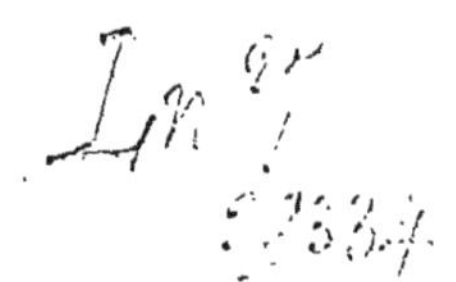

LA VIE
DE
DENIS ÉPITALON

RACONTÉE A SES PETITS-FILS

PAR

l'Abbé F. C[illegible], leur Précepteur.

Plutôt mourir que dégénérer.

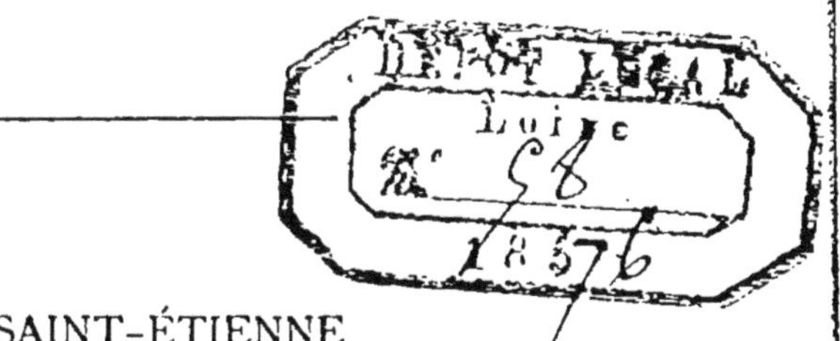

SAINT-ÉTIENNE
IMPRIMERIE F. FORESTIER ET Cie
2, rue de la Bourse, 2

1876

Chers petits Elèves,

Vous vous plaignez parfois de ce que je ne vous raconte jamais d'histoires. C'est vrai, je n'ai ni le goût de les inventer, ni le talent de les narrer. Du reste, je n'en aurais pas la force : mon souffle ne serait pas assez puissant pour vous tenir longtemps sous le charme d'un récit intéressant.

Toutefois, s'il s'agit non plus de parler, mais d'écrire; s'il s'agit non pas d'inventer un conte, mais de retracer par la plume une histoire vraie et capable de vous intéresser, je le ferai volontiers, dans l'espoir de vous être utile en vous étant agréable.

Ou plutôt c'est déjà fait !

Et je viens vous offrir, dans ce petit livre, un écrit de ce genre, une histoire qui est vraie, qui vous touche de près et vous fera peut-être quelque bien.

C'est l'histoire de votre bon papa.

Vous l'avez connu, à peine quelques années sur la fin de sa vie, et maintenant, vous l'avez perdu pour toujours — n'était le ciel. Eh bien! ici, vous le verrez revivre depuis le jour de sa naissance jusqu'à son dernier jour; vous le suivrez dans tout le cours de sa longue et belle carrière et vous apprendrez de lui comment on s'élève dans la société des hommes par le travail, l'intelligence et la bonne conduite.

Apprenez surtout, à cet exemple, comment un chrétien, digne de ce nom, doit fouler aux pieds le respect humain, dompter ses passions et placer bien avant dans son cœur, au-dessus des vains intérêts de ce monde, les saintes préoccupations du salut de son âme !

Ce petit livre, qui est avant tout le témoignage de ma reconnaissance, sera aussi le commencement des annales de votre famille. Il nous a paru non seulement consolant mais utile de conserver les principaux traits de celui qu'on peut appeler, à juste titre, le fondateur de votre maison.

Ne savez-vous pas que le souvenir des vertus et des bonnes actions d'un ancêtre a suffi souvent pour détourner un jeune homme de la mauvaise voie, ennoblir ses desseins et le déterminer à marcher toujours, comme ses pères, dans le chemin de l'honneur, du bien et de la vertu?

Puisse ce simple récit d'une existence qui vous fut chère, être pour vous tous un enseignement sacré, représentant sans cesse devant votre esprit les nobles qualités et les grandes vertus qui couronnaient la vie de votre grand-père !

Si le souvenir de cet homme de bien est toujours vivant dans votre cœur, si vous le prenez pour modèle dans la conduite de votre vie, au lieu de dégénérer comme tant d'autres, vous ne pouvez que grandir et vous élever dans la sphère où votre vie devra s'exercer pour la gloire de Dieu et le bien de vos frères.

Permettez-nous de concevoir de vous cette espérance.

Vous verrez, dans le courant de cette histoire, que votre grand-père ne commençait rien sans appeler les bénédictions de Dieu sur son entreprise. Eh bien! faisons comme lui, signons-nous au début de ce petit travail.

Au Maniquet, le 24 juin 1874.

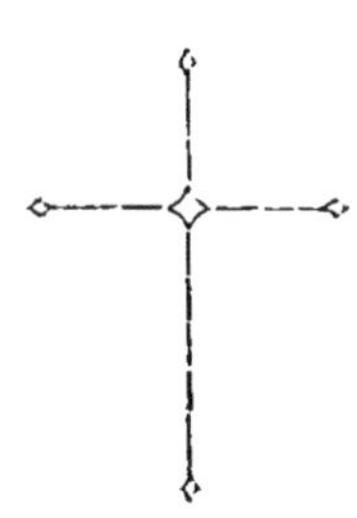

I

NAISSANCE ET ENFANCE

C'est au milieu du règne de la Terreur qu'est né celui qui devait être, un jour, votre digne grand-père et le bienfaiteur le plus populaire de la cité.

Voici un extrait de son acte de naissance, tiré des registres de la mairie de Saint-Etienne. Rien ne doit être plus simple et plus clair qu'un acte de naissance ; et pourtant, il est certain que les plus petits d'entre vous ne comprendront rien à celui-ci. Après l'avoir lu bien attentivement, ils ne sauront nous dire ni à quelle date, ni dans quelle ville est né leur grand-père.

« Aujourd'hui, *premier vendémiaire, troi-*
« *sième année républicaine,*

« Par devant moi, Jean-Joseph Chomat, se-
« crétaire-greffier de *Commune d'armes*, est
« comparue Marie Gagnière, accoucheuse, de-
« meurant rue des Jacobins, 8, laquelle m'a
« déclaré que Marie-Anne Passerat, épouse de
« Mathieu Epitalon, aubergiste, demeurant rue
« Spartiate, est accouchée dans son domicile, ce
« jour, à cinq heures du matin, d'un garçon au-
« quel il a été donné le prénom de Denis Epi-
« talon ; ce que j'ai reconnu et dressé le présent
« acte... »

(Suivent les signatures des témoins.)

Eh bien ! je vous le demande, qu'est-ce que ce *premier vendémiaire* de l'*an III de la Ré-*

publique ? Qu'est-ce que cette *Commune d'armes ?* Et cette *rue Spartiate ?*

Tout cela, chers enfants, est tiré du langage révolutionnaire. On vous pardonne de ne pas le comprendre, et surtout on vous souhaite de ne jamais le voir revenir.

Mais sans entrer ici dans d'autres détails, que vous pourrez lire ailleurs, ce 1er vendémiaire de l'an III de la République, signifie en langage ordinaire le 22 septembre 1794 ; la Commune d'armes et la rue Spartiate sont les noms révolutionnaires de la ville de Saint-Etienne et de la rue des Capucins.

Denis Epitalon est donc né à Saint-Etienne, rue des Capucins, le 22 septembre 1794, à cinq heures du matin.

Après avoir trouvé l'acte de naissance, nous aurions voulu nous procurer l'acte de baptême. La rue des Capucins appartenait autrefois, comme aujourd'hui, à la paroisse de Saint-Ennemond, et quand nous avons consulté les registres de cette paroisse, à l'époque indiquée, voici ce que nous y avons lu :

« *Ici est une lacune causée par le temps de* « *la Terreur, qui a commencé le 18 décembre* « *1793.* »

Et sur la page suivante :

« *Reprise du culte au 2 mai 1795.* »

Denis Epitalon, qui était né précisément dans l'intervalle d'une date à l'autre, c'est-à-dire dans le temps que l'église était fermée et le service du culte interrompu, a dû être baptisé dans quelque grange, où les vrais catholiques s'assemblaient, en ces malheureux jours, pour assister à la célébration des saints mystères [1].

Quoiqu'il en soit, ses parents, foncièrement religieux, n'ont certainement pas manqué de procurer le plus tôt possible à leur enfant la grâce incomparable du baptême. La suite de sa vie, qui fut si chrétienne, en fait foi bien plus éloquemment que la page d'un vieux registre.

Son père, Mathieu Epitalon, et sa mère, Anne-Marie Passerat, tenaient à cette époque (1794) une auberge en rue des Capucins. Bientôt après, ils transférèrent leur domicile dans la

[1] Les églises étaient fermées, parce que les bons prêtres avaient refusé, avec raison, de prêter serment à la constitution civile du clergé.

rue voisine, la rue Tarentaize, et tinrent un hôtel qu'on appelait autrefois *chez Mentrand*, à cause du nom de son propriétaire, et qu'on appelle aujourd'hui hôtel du Lion-d'Or ; car il existe encore dans la même rue et dans le même état qu'autrefois, du moins à l'extérieur.

C'est là que le petit Denis grandissait au milieu de ses frères plus jeunes et sous les yeux de ses parents. Ils l'élevaient dans la crainte de Dieu et les rigoureux principes de la vie chrétienne, dont ils étaient eux-mêmes profondément pénétrés.

Un fait surtout avait frappé son imagination d'enfant. Il paraît qu'étant petit il couchait dans la même chambre que son grand-père. Celui-ci dormant peu, *marmottait* toute la nuit des pate-

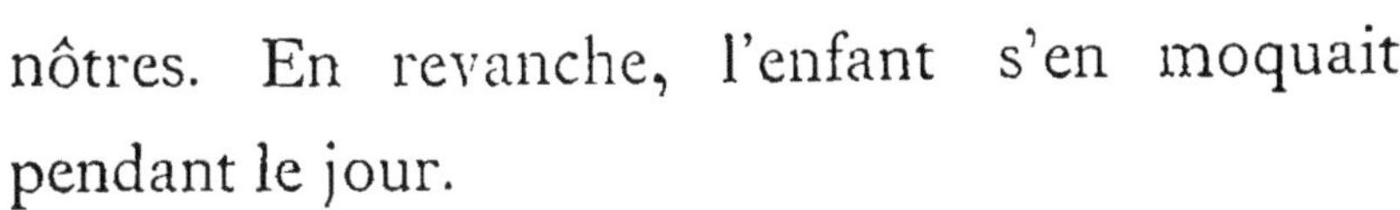

nôtres. En revanche, l'enfant s'en moquait pendant le jour.

Mais plus tard, comprenant mieux la vie, il redisait à son tour les longues prières qui consolent et fortifient, et il aimait à reporter sa pensée vers ce premier souvenir de son enfance.

Vous aussi, peut-être un jour, vous vous souviendrez qu'il vous a légué par son exemple ce vieil héritage des patenôtres, qu'il tenait lui-même de son grand-père, et vous le ferez valoir à votre tour.

Cependant l'école n'était pas oubliée. Lorsque Denis fut en âge d'y aller, on n'était plus dans les troubles de la première République. Napoléon Ier avait rétabli l'ordre en France, ouvert

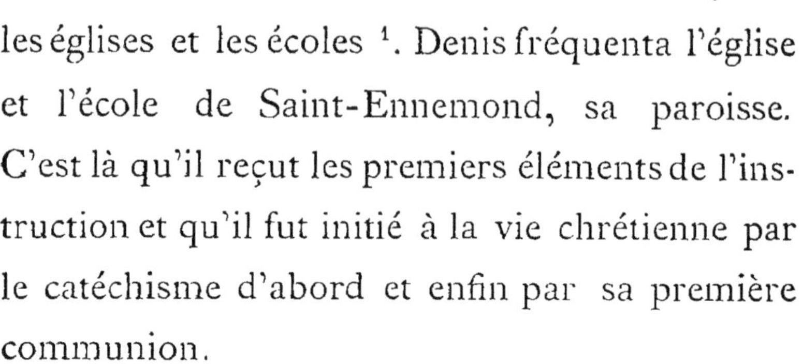

les églises et les écoles [1]. Denis fréquenta l'église et l'école de Saint-Ennemond, sa paroisse. C'est là qu'il reçut les premiers éléments de l'instruction et qu'il fut initié à la vie chrétienne par le catéchisme d'abord et enfin par sa première communion.

Il a conservé toute sa vie un pieux souvenir de ses bienfaits. Il aimait à faire le bien de préférence sur cette paroisse de Saint-Ennemond, qui fut celle de son berceau et de ses premières

[1] L'Eglise de France fut pacifiée par le Concordat en 1801. Il fut stipulé, entr'autres choses, que tous les prêtres assermentés ou non, pourraient être employés également au saint ministère.

Dans notre diocèse, les prêtres assermentés furent placés, en général, dans la plaine du Forez, où la fièvre les décimait. Certaines paroisses se ressentent encore de leur triste passage.

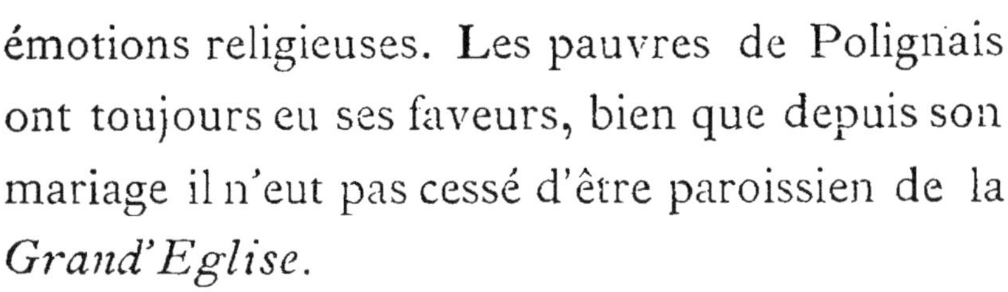

émotions religieuses. Les pauvres de Polignais ont toujours eu ses faveurs, bien que depuis son mariage il n'eut pas cessé d'être paroissien de la *Grand'Eglise*.

L'œuvre de la première communion, qui consiste à habiller les enfants pauvres pour ce plus beau jour de la vie, lui était aussi particulièrement chère. Il revêtait chaque année une quarantaine de ces heureux enfants et vous verrez qu'à ses derniers moments, votre grand-père a voulu assurer pendant quelques années une somme d'argent destinée à continuer cette œuvre, même après sa mort.

N'est-ce pas peut être un doux souvenir de sa première communion qui, en venant le visiter et le consoler sur sa couche de douleur, lui a inspiré cette dernière volonté ?

II

CHEZ MENTRAND

C'est en rue Tarentaize, dans l'auberge qu'on appelait vulgairement *chez Mentrand*, que votre grand-père a passé la première partie de sa vie. Ce lieu est plein de souvenirs pour votre famille; vous l'avez entendu dire souvent.

Eh bien ! au risque de nous attarder un peu, arrêtons-nous un moment *chez Mentrand*, non pas comme des voyageurs fatigués et indifférents qui viennent y chercher

« Bon souper, bon gîte et le reste, »

mais comme des enfants bien élevés, qui viennent s'asseoir au foyer paternel pour causer des vieux souvenirs de la famille et les transmettre à la mémoire de la génération nouvelle.

Essayons donc de faire revivre ce qui se passait dans cette hôtellerie, il y a près de quatre-vingts ans.

C'est qu'en effet il y a alors un grand mouvement, un va-et-vient continuel dans l'auberge de la rue Tarentaize.

Cette auberge était légendaire parmi les *maringottiers* [1] qui fréquentaient jadis *Santiève.*

[1] Les maringottiers, ainsi que les rouliers, sont devenus rares depuis la création des chemins de fer. Les maringottiers sont des marchands qui conduisent une voiture appelée maringotte, et s'en vont vendre dans les foires, dans les villes et dans les villages. Quand le magasin ambulant est dégarni, ils reviennent se pourvoir auprès des fabricants. Les rubans ne se vendaient pas autrement du temps de nos pères.

C'est là que s'arrêtent en masse les voituriers qui descendent de la montagne avec des chars de grains, de bois, de fourrage et les rouliers qui viennent du Midi avec des chargements de vin, d'huile, etc...

Ils arrivent de tous côtés et trouvent là des hôteliers toujours avenants, un logis sûr, commode et à bon marché.

Tout ce monde entre et sort à toute heure du jour et de la nuit et constitue une espèce de mouvement perpétuel fort intéressant pour le coup d'œil, mais fort désagréable pour nos pauvres aubergistes, obligés d'être toujours sur pied.

Mais ce n'est pas tout.

A l'entrain d'une grande auberge, il faut ajouter l'entrain d'un grand commerce, commerce de sel, de graines et choses semblables.

Les voituriers, après avoir déposé leurs marchandises en ville, trouvent *chez Mentrand* à recharger leurs voitures des provisions nécessaires à la campagne, et ainsi ils approvisionnent en même temps la ville où ils viennent et les villages d'où ils sont venus.

Le commerce se fait à l'antique dans cette maison patriarcale. Il n'y a point de livres de compte, pour marquer le *Doit* et l'*Avoir*. On ne donne ni facture ni reçu. Ce n'est pas la mode. Et chose plus étonnante encore, quand un acheteur connu vient payer le prix de sa marchandise, il arrive souvent que les maîtres de la maison, surchargés de besogne, l'envoient bon-

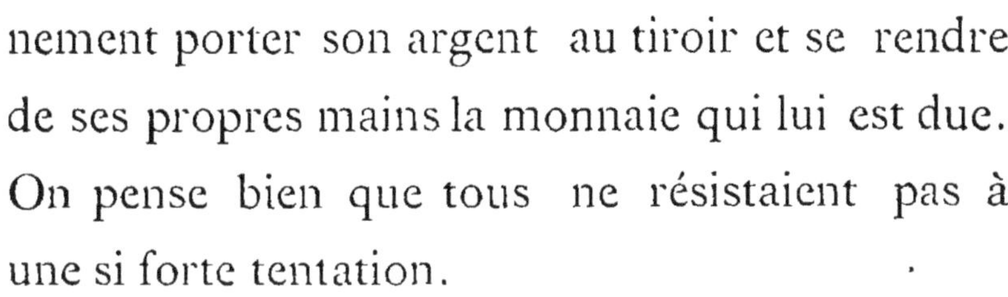

nement porter son argent au tiroir et se rendre de ses propres mains la monnaie qui lui est due. On pense bien que tous ne résistaient pas à une si forte tentation.

Enfin, dans l'auberge de ces braves gens, il y avait une chambre réservée, qui offrait un curieux coup-d'œil.

On y voyait, çà et là, le long des murs, de gros sacs d'argent et de petits tas d'écus, couverts de balayures. C'étaient des dépôts plus ou moins considérables, faits par des voyageurs confiants qui étaient embarrassés de la lourde monnaie en usage à cette époque, ou qui ne savaient qu'en faire.

Du reste, l'aubergiste lui-même n'a pas encore l'habitude de faire valoir l'argent qui entre en caisse. Lorsque le tiroir déborde, on entasse les écus dans un coin de cette fameuse chambre à coucher, et on ferme, autant que possible, la porte à clef.

En somme, il y a, en tout cela, le signe manifeste d'une intégrité et d'une réputation au-dessus de toute atteinte ; mais il semble qu'il y a aussi un peu de désordre et, surtout, beaucoup trop de bonne foi. Evidemment, le commerce ne serait pas possible aujourd'hui dans de telles conditions. Il faut se rappeler qu'autrefois l'honnêteté commerciale était plus générale.

Nos pères, apparemment, valaient mieux que nous.

Néanmoins, nos bons aubergistes étaient trompés souvent et les bénéfices n'étaient nul-

lement en proportion avec un si grand négoce et tant de peine.

Cependant, la petite famille s'élève au milieu de ce tracas et s'émancipe en jouant autour des voitures, qui abondent dans la remise. Elle se compose de cinq enfants. L'aînée est devenue Madame Côte [1] et vit encore aujourd'hui, bien que vous ayez entendu souvent votre grand-père lui dire en plaisantant : « Françoise, si le bon Dieu est juste, tu dois partir la première. »

Denis est celui dont nous allons poursuivre l'histoire.

Une seconde fille, nommée Antoinette, fut

[1] Madame Côte a eu deux filles ; l'une, mariée à M. Jacques Taveau et l'autre à M. Joseph Varenne.

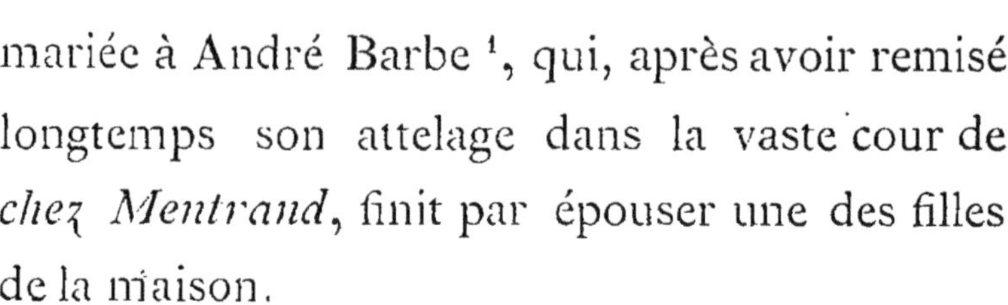

mariée à André Barbe [1], qui, après avoir remisé longtemps son attelage dans la vaste cour de *chez Mentrand*, finit par épouser une des filles de la maison.

Antoine [2], fut celui qui, après la mort de sa mère, continua quelque temps de tenir l'hôtel de la rue Tarentaize. Denis et Antoine épousèrent les deux sœurs. Enfin, Jacques Epitalon [3],

[1] André Barbe a laissé quatre enfants : M. Barbe, Jean, organisateur d'une ambulance pendant la dernière guerre et décoré pour sa belle conduite dans cette œuvre patriotique ; Mélina Barbe, qui est aujourd'hui Mme Jules Siméon ; Claude Barbe, mort il y a deux ans, et Antonin Barbe.

[2] Antoine Epitalon a laissé deux enfants : une fille, Antoinette, qui est aujourd'hui Mme Marcellin Giron, et M. Jean-Jacques Epitalon, qui est un honorable membre du barreau de Saint-Etienne.

[3] M. Jacques Epitalon n'a, qu'un fils, nommé Damien et marié avec Mlle Courbon de la Bonche.

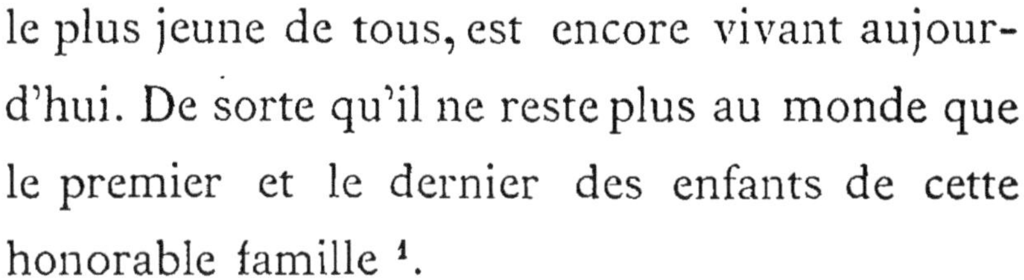

le plus jeune de tous, est encore vivant aujourd'hui. De sorte qu'il ne reste plus au monde que le premier et le dernier des enfants de cette honorable famille [1].

Nous sommes entrés dans bien des détails qui nous ont tenus un peu éloignés de notre sujet. Désormais, nous serons plus fidèles à poursuivre le cours de notre récit.

Mais il nous semble bon de fixer des souvenirs que vous serez certainement heureux de retrouver un jour.

Du reste, n'est-il pas intéressant, dans le triste temps où nous sommes, de faire revivre à

[1] Cela était ainsi au moment où nous l'avons écrit, mais Mme Côte, étant décédée à la fin de juin 1874, il ne reste plus au monde que le plus jeune enfant de la famille.

nos yeux une de ces familles patriarcales des *autres fois ?* Nous l'avons rencontrée avec bonheur sur le chemin de cette histoire ; pourquoi la rencontrons-nous aujourd'hui si rarement sur le chemin de notre vie ?

III

LA PREMIÈRE JEUNESSE

L'éducation du jeune Denis ne pouvait être bien soignée au milieu des voituriers de l'auberge et des embarras d'un grand commerce. C'est pour cela, sans doute, que le père Epitalon résolut d'envoyer son fils aîné, non pas au lycée de Saint-Etienne, comme on l'a prétendu, mais à Roche, près de Montbrison, dans une petite pension tenue par de dignes ecclésiastiques.

C'est cette pension qui devint plus tard le premier noyau du petit séminaire de Verrières [1].

[1] Nous devons dire, en passant, que nous n'avons jamais pu savoir exactement si ce séjour à Roche avait eu lieu avant

De son séjour à la pension de Roche, il nous reste un trait piquant, qui mérite d'être raconté ici, parce qu'il révèle déjà, dans ce simple écolier, un cœur prédestiné aux grandes œuvres de la charité.

Lorsqu'arriva le jour de la distribution des prix, un condisciple quelque peu suffisant vint trouver Denis, le bon camarade, et lui tint à peu près ce langage : « Tout à l'heure, je vais avoir « des prix, c'est certain. Mais je n'oserais pas « aller les chercher avec mes culottes *qui ont* « *des ronds*. Toi, tu as des culottes neuves et « tu n'auras pas de prix, veux-tu changer avec « moi pour le temps de la cérémonie ? »

ou après sa première communion. Le fait est certain, mais l'époque est incertaine.

Immédiatement, on change de culottes, et bientôt la distribution des prix commence.

L'écolier présomptueux, qui s'attendait à recevoir tant de couronnes n'est pas proclamé une seule fois parmi les vainqueurs. Mais voilà que, sur la fin, chose imprévue ! un prix est décerné à Denis Epitalon, à celui qui avait endossé les culottes *qui avaient des ronds*. De tous côtés, on crie : Denis, approche donc, c'est toi qu'on appelle, c'est toi !

Denis ne bougeait non plus qu'une borne.

Enfin, vaincu par les instances, il s'élance vers l'estrade, portant une main repliée sur le derrière, afin de cacher ses ronds et tendant l'autre en tremblant, pour recevoir la récompense de son travail.

Un fou-rire s'empara de l'assistance.

Pour nous, qui ne connaissons ce fait qu'après coup, nous sommes moins portés à rire qu'à admirer et à reconnaître dans ce simple fait de charité et de modestie l'indice d'une vertu précoce qui portera des fruits magnifiques dans l'avenir.

Cependant, Denis Epitalon ne put recevoir longtemps le grand bienfait d'une bonne éducation. Nous croyons que ce fut la mort de son père, vers 1810, qui obligea la famille d'interrompre cette œuvre à peine commencée.

Votre grand-père disait souvent qu'il avait fait toutes ses classes en un an, et il le disait avec regret. Il avait senti plus vivement, à chaque pas qu'il faisait dans la fortune, cette lacune irré-

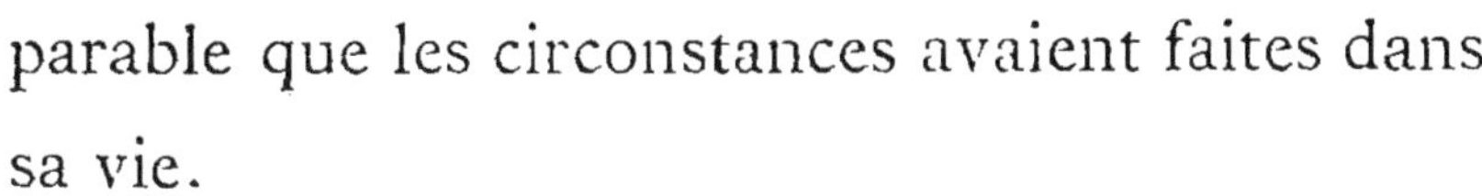

parable que les circonstances avaient faites dans sa vie.

Aussi, vous savez quelle importance il attachait à votre travail, quelles exhortations puissantes il vous adressait, ne craignant pas de se poser lui-même en exemple et de raconter ce qu'il avait souffert, durant sa vie entière, pour n'avoir pas reçu une instruction qui fût au niveau de sa position.

Pour lui, il dût trop tôt quitter la pension, probablement à l'époque de la mort de son père.

Il avait alors 15 ans.

Le chef de la maison n'étant plus là, le conseil de famille se réunit et se demanda ce qu'on ferait du fils aîné, Denis Epitalon. Resterait-il à la maison pour aider sa mère, qui continuait de tenir l'hôtel de la rue Tarentaise, ou bien serait-il mis en apprentissage pour faire place à ses frères dans la maison paternelle ? On décida à l'unanimité qu'il serait placé de suite en apprentissage, et les motifs de cette décision, nous pouvons le dire, furent que le jeune Denis, étant très-étourdi, pourrait peut-être mettre le trouble dans la famille, ne pas s'entendre avec ses frères, ou bien ne pas obéir suffisamment à sa mère.

Votre grand-père avouait plus tard qu'en effet il était alors fort désert.

La Providence, qui dirige tout, avait, dans cette décision, ses secrets desseins. Un fabricant de rubans, allié à la famille et nommé Fraisse-Passerat, conseilla de faire apprendre à Denis la *haute et basse-lisse*, afin de le préparer au commerce de rubans.

Il fut fait ainsi.

Et lorsque Denis eut achevé son apprentissage, il entra en qualité de commis dans la maison Fraisse. Bientôt il se fit remarquer par son activité et son intelligence dans les affaires. Il appliqua à son travail toute l'ardeur qu'il dépensait auparavant dans les jeux et les étourderies de l'enfance.

Cela ne l'empêchait pas de donner carrière à sa bonne humeur.

C'est alors qu'il commença à s'egayer par les bonnes farces qui devaient un jour illustrer sa mémoire. Il n'osait encore s'attaquer qu'aux personnes de son âge et de sa famille, et il devint principalement la terreur de ses cousines Passerat, qu'il ne rencontrait jamais sans les faire victimes de quelques contrariétés.

Mais, au fond, il était sérieux.

Il se rendit compte de la tenue des livres en voyant ceux de son magasin et il s'empressa d'en faire part à sa mère, en l'engageant à marquer son *Doit* et son *Avoir*, ses factures et tous ses comptes. Il la poussa aussi à faire fructifier l'argent gagné en le plaçant à intérêts chez les fabricants de rubans et les marchands de soie.

Ces réformes amenèrent une heureuse révolution dans la tenue de l'hôtel. On sut où l'on en était et l'on comprit combien on avait été volé.

Nous devons dire qu'Antoine Epitalon, frère de Denis, fut celui qui prit les comptes en main

et assura ainsi les bénéfices de l'hôtel et du commerce de sel, compromis autrefois par tant d'abus.

IV

LA CONSCRIPTION

ET LA CAMPAGNE DE 1814

Cependant, l'horizon politique et militaire de la France, après avoir brillé d'un éclat incomparable, s'assombrissait de jour en jour. Après vingt ans de victoires, voilà qu'on parlait maintenant de défaites, de désastres et d'invasion. C'était pendant l'hiver de 1813 à 1814, à la suite de la malheureuse campagne de Russie. L'empereur Napoléon, avant de se déclarer vaincu, fit un dernier appel à la nation et décréta une nouvelle levée de jeunes conscrits. Denis

Epitalon appartenait à la classe qui tombait sous le coup du décret. Il est vrai qu'il était fils aîné de veuve, mais, devant le danger de la patrie, la loi ne faisait pas d'exception.

Cependant la pauvre mère aurait fait tous les sacrifices plutôt que de voir partir son fils.

On avait eu d'abord la pensée de le marier à une vieille femme de 80 ans.

Cette union qui ne pouvait pas le lier bien longtemps aurait suffi pour le protéger devant la loi. Mais le jeune conscrit répondit énergiquement : « *Je n'en veux point.* »

On songea alors à lui faire un remplaçant. Un homme de bonne volonté fut trouvé, pour cet office, au prix de 10,000 fr.

Le cousin Côte, qui occupait un emploi dis-

tingué à la préfecture de Montbrison, s'était chargé de faire accepter ce remplaçant au jour de la révision.

Tout allait pour le mieux.

On devait partir le lendemain, afin de terminer cette affaire.

Déjà, les adieux étaient faits, adieux qu'on croyait être pour une séparation de quelques jours seulement.

Mais le lendemain, tous les plans étaient changés dans la tête de notre conscrit.

Il s'était dit pendant la nuit que la somme de 10,000 fr. était une bien grosse somme; que, si son remplaçant désertait, ce serait à lui d'en répondre; que, du reste, en ce temps d'invasion, on pouvait dans quelques jours, par un nouveau décret, lever tous les jeunes gens exemptés ou non, qui restaient encore dans leurs foyers; qu'enfin le plus pénible était fait, puisqu'il avait dit adieu à sa mère.

De grand matin, il va trouver Fraisse-Passerat et lui dit résolument qu'il ne veut plus de remplaçant, qu'il est décidé à partir lui-même. Il expose en même temps les raisons qui l'avaient déterminé d'une manière irrévocable. Elles ne paraissaient pas sans fondement, mais il restait les engagements pris avec le remplaçant déjà choisi.

M. Fraisse lui propose quelques centaines de francs pour passer, s'il le veut, dans un autre département. Vous pensez bien qu'en face de l'argent la réflexion fut bientôt faite.

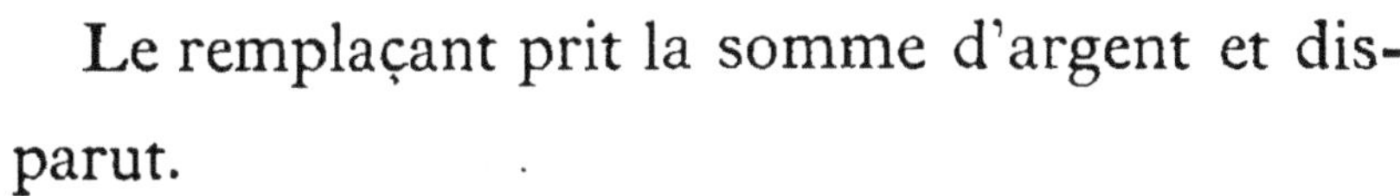

Le remplaçant prit la somme d'argent et disparut.

Pendant ce temps, notre pauvre conscrit quittait son cher pays et sa famille bien-aimée.

Quels sentiments s'agitaient dans son cœur ?

Quelles pensées l'assaillaient à son départ ?

Nous le savons, grâce à une parole mélancolique qu'il a dite en s'éloignant et qu'on n'a pas oubliée.

On raconte, en effet, qu'en arrivant aux *Roches-Blanches*, sur le chemin de Côte-Chaude, il se retourna une dernière fois vers la ville de son enfance et dit, le cœur serré :

« Porou Santiève, te verrai plus ! »

Il partait donc triste, mais déterminé à faire son devoir au prix même de la vie.

Après quelques semaines d'exercices à Montbrison, notre conscrit, qui était de bonne mine et de belle taille, reçut l'ordre de rejoindre un régiment de la jeune garde impériale, alors en face de l'ennemi dans les plaines de la Champagne. L'empereur, en passant la revue de ces jeunes recrues, qui savaient à peine tenir un fusil, secouait tristement la tête. Cependant, il les lançait quelques jours après, sur les champs de bataille de Champ-Aubert et de Montmirail, et elles faisaient des prodiges de valeur. Dans ces combats héroïques, où l'on défendait pied à pied le territoire national, Denis Epitalon se comporta vaillamment. Il y reçut successivement deux blessures, dont nous avons tous pu voir les glorieuses cicatrices.

Ainsi blessé et ne pouvant plus tenir un fusil, il fut dirigé en avant des armées, du côté de Paris, afin de recevoir les soins que réclamait son état.

Mais nos ennemis, rendus de plus en plus forts par le nombre et le succès, avançaient rapidement vers la capitale. L'enthousiasme guerrier, naturel au Français, faisait place au découragement. La victoire était encore fidèle à notre drapeau dans les batailles que l'empereur commandait en personne ; mais tandis qu'il battait les Prussiens d'un côté, les Russes, les Autrichiens avançaient de l'autre. On pouvait prévoir et presque fixer le jour où le grand Napoléon serait forcé de rendre les armes. Le désarroi qui accompagne toujours la déroute était partout.

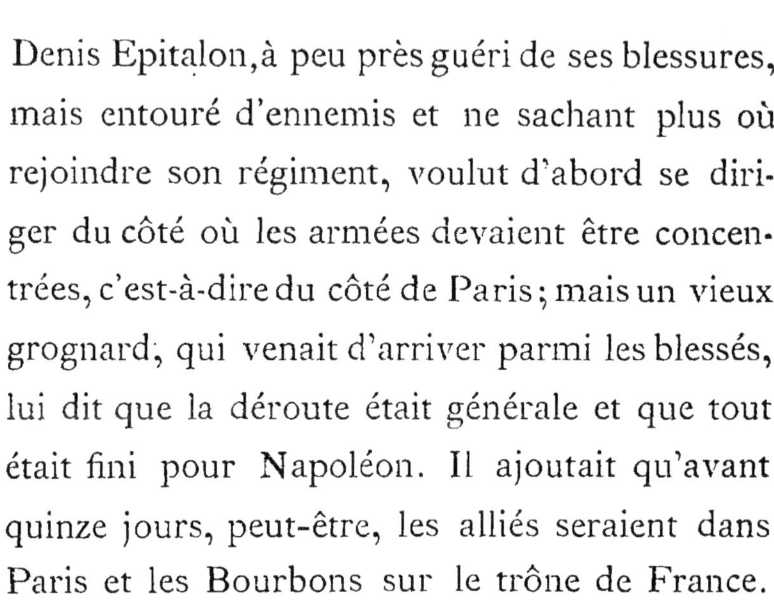

Denis Epitalon, à peu près guéri de ses blessures, mais entouré d'ennemis et ne sachant plus où rejoindre son régiment, voulut d'abord se diriger du côté où les armées devaient être concentrées, c'est-à-dire du côté de Paris; mais un vieux grognard, qui venait d'arriver parmi les blessés, lui dit que la déroute était générale et que tout était fini pour Napoléon. Il ajoutait qu'avant quinze jours, peut-être, les alliés seraient dans Paris et les Bourbons sur le trône de France.

Que faire au milieu de ces incertitudes ? en face de ces difficultés ? Le jeune soldat, qui ne pouvait rejoindre son corps et à qui l'on conseillait de partir avant l'arrivée des ennemis, se décida à faire ce qu'il voyait faire à la plupart de ses compagnons : il se déguisa en paysan et

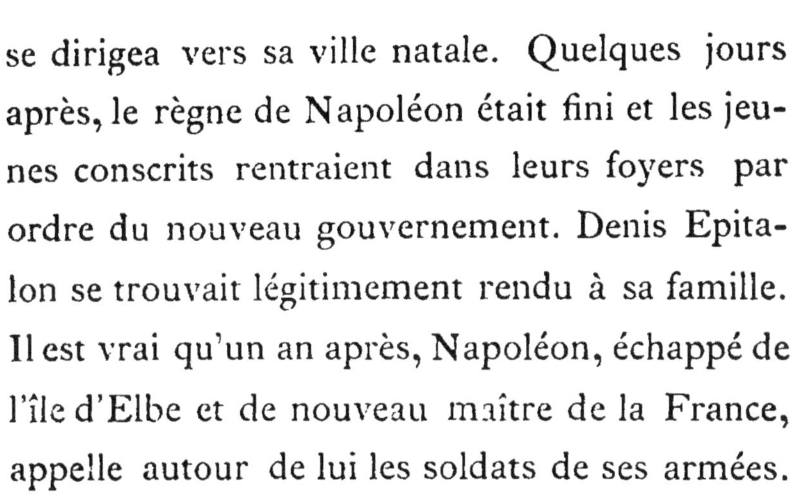

se dirigea vers sa ville natale. Quelques jours après, le règne de Napoléon était fini et les jeunes conscrits rentraient dans leurs foyers par ordre du nouveau gouvernement. Denis Epitalon se trouvait légitimement rendu à sa famille. Il est vrai qu'un an après, Napoléon, échappé de l'île d'Elbe et de nouveau maître de la France, appelle autour de lui les soldats de ses armées.

Il y eut dans la famille Epitalon un moment de vive inquiétude. Mais Denis n'était pas remis des fatigues de sa campagne, il était maigre et pâle encore des suites de ses blessures, et le médecin qui le visita lui accorda sans difficulté un certificat d'exemption.

V

LA VIE DE GARÇON

LE MARIAGE

Délivré du service militaire, Denis Epitalon se remit au travail avec une nouvelle ardeur. Il se plaça d'abord chez M. Teissier, petit fabricant de rubans. Là, il devait être employé au magasin, mais on l'occupait parfois aux choses qui se présentaient à faire dans la maison. Cela ne lui plaisait guère. Un jour de lessive, ses cousines Passerat l'aperçurent qui tordait des draps avec la maîtresse de la maison ; elles lui crièrent : « Bonjour buandier, » en riant et en le montrant du doigt, heureuses de se venger, par la moquerie, des contrariétés sans nombre qu'il leur faisait subir. C'en fut assez pour que notre pauvre commis, déjà mécontent, quittât son patron, de peur d'essuyer quelque nouvel affront.

Il rentra dans sa première place, chez Fraisse-Passerat et put enfin librement donner carrière à son activité infatigable.

Il faisait tour à tour la recette, la tournée de barre et même les voyages, suivant les foires, notamment celle de Beaucaire, servi partout par son entrain, sa bonne humeur et sa constante énergie.

Mais cette vie active et laborieuse n'est pas la chose la plus difficile ni la plus méritoire quand

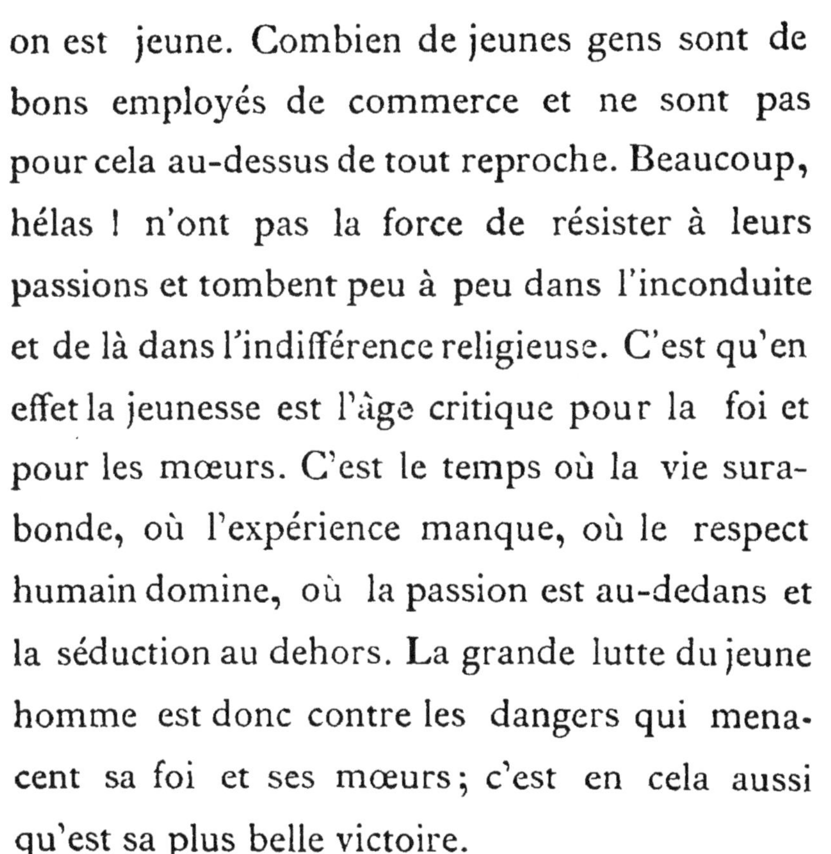

on est jeune. Combien de jeunes gens sont de bons employés de commerce et ne sont pas pour cela au-dessus de tout reproche. Beaucoup, hélas ! n'ont pas la force de résister à leurs passions et tombent peu à peu dans l'inconduite et de là dans l'indifférence religieuse. C'est qu'en effet la jeunesse est l'âge critique pour la foi et pour les mœurs. C'est le temps où la vie surabonde, où l'expérience manque, où le respect humain domine, où la passion est au-dedans et la séduction au dehors. La grande lutte du jeune homme est donc contre les dangers qui menacent sa foi et ses mœurs ; c'est en cela aussi qu'est sa plus belle victoire.

Le jeune Denis dut avoir de tels combats à soutenir ; ils n'épargnent personne ; ils n'épargnèrent pas cette nature vive et bien douée. Mais nous pouvons dire hardiment qu'il ne succomba pas. Sa réputation fut toujours au-dessus de toute atteinte et sa vie de garçon ne connut pas ces vices cachés ou ces scandales de mœurs que le monde appelle trop légèrement des péchés de jeunesse.

Nous le disons hardiment, parce que nous l'avons appris de sa bouche. Ce bon vieillard, quelques mois avant de mourir, entraîné dans le courant d'une conversation intime, nous disait avec simplicité : « Ma plus grande jouissance, aujourd'hui que je suis vieux, c'est de pouvoir repasser dans ma mémoire les années de ma jeunesse et de ma vie entière sans avoir à rougir d'aucune faute de ce genre. Je puis passer

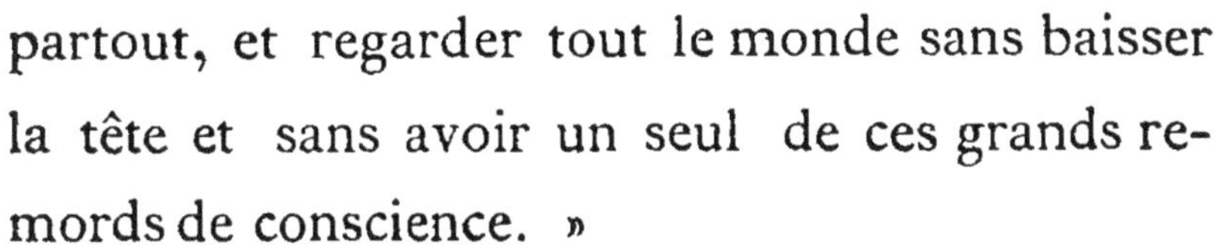

partout, et regarder tout le monde sans baisser la tête et sans avoir un seul de ces grands remords de conscience. »

Souvenez-vous de ces paroles de votre grand-père si vous voulez jouir comme lui d'une heureuse vieillesse.

Cette préservation des écarts trop ordinaires à la jeunesse était due principalement à l'influence de la religion et à la fuite des occasions.

Sachez-le bien, enfants, grands et petits, la pureté n'a pas d'autres secrets ni d'autres principes que la grâce de Dieu et la défiance de soi-même.

Notre nature penche vers le mal et nous entraîne de son propre poids vers l'abîme. Faut-il donc s'étonner de la chute de ceux qui, loin de remonter la pente avec efforts, se plaisent à côtoyer le précipice ?

Comment ne tomberaient-ils pas ?

Au lieu d'éviter les occasions de tomber, ils les recherchent ; au lieu de réfréner leurs passions, il les excitent par la lecture des romans, la fréquentation des fêtes profanes et des mauvaises compagnies.

« Celui qui aime le danger y périra. »

Rien n'est plus confirmé par l'expérience que cette parole de la Sainte Ecriture.

Mais Denis Epitalon n'était pas de ceux qui recherchent les plaisirs malsains de la rue et du cabaret.

Il fallait à cette nature naïve et ardente le mouvement et le grand air, le franc rire des

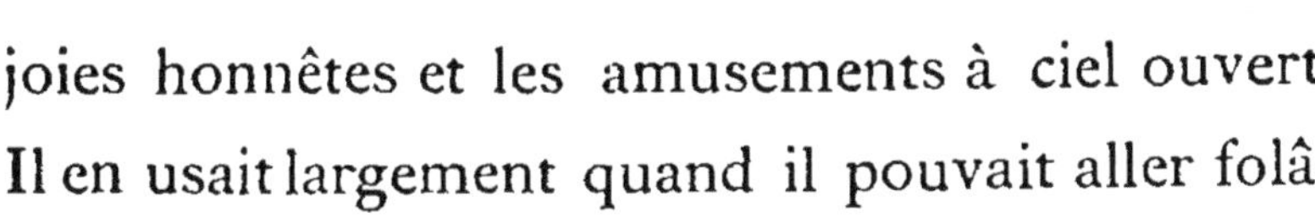

joies honnêtes et les amusements à ciel ouvert. Il en usait largement quand il pouvait aller folâtrer, le dimanche, dans les villages d'alentour.

Un certain soir pourtant, il voulut voir ce qui se passait au théâtre et il y alla. Mais savez-vous la première personne qu'il aperçoit en sortant ? Sa mère avec un bâton à la main !!!

Il comprit que la comédie allait recommencer à ses dépens et il s'esquiva lestement.

Malgré son caractère aventureux, il se gardait bien de fréquenter les jeunes gens d'une réputation équivoque.

Il avait un petit choix d'amis qui étaient aussi bons que lui et il prenait avec eux ou avec ses parents tous ses plaisirs. Enfin il s'occupait à assurer le succès d'une bonne affaire ou d'une

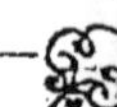

bonne farce plutôt qu'à lire de mauvais livres.

A ces précautions de première nécessité, il ajoutait la prière de tous les jours (une prière interminable dont nous parlerons plus loin) et la pratique régulière de ses devoirs religieux. On le voyait, le dimanche, assister assidûment aux offices de la paroisse, aux vêpres et à la grand'-messe, dont il aimait avec passion les chants et les cérémonies. Enfin, quoique dans son instruction religieuse et son entourage [1], il eut un peu

[1] Le Père Papin, fameux chef des Jansénistes à Saint-Etienne, habitait près de *chez Mentrand* et réunissait ses fidèles dans un local qu'on peut encore visiter au lieu où se font les grands travaux pour la gare du Clapier.

Les fils Epitalon se mêlaient quelquefois à ces réunions, surtout à l'occasion de certains exorcismes sur une possédée. Il leur en était resté quelque chose.

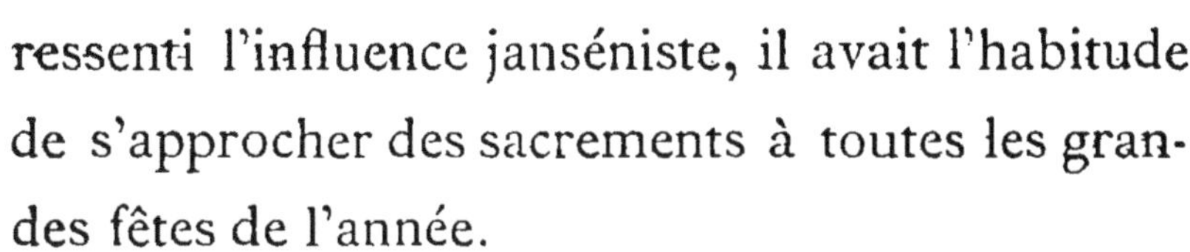

ressenti l'influence janséniste, il avait l'habitude de s'approcher des sacrements à toutes les grandes fêtes de l'année.

Cependant, il nous a raconté qu'une certaine année il s'était mis en retard pour faire ses Pâques. Le jour de la fête était passé et il ne s'était pas approché des sacrements, selon son habitude. Sa mère un peu inquiète lui fit entendre doucement ce qu'il avait à faire.

Mais Denis, qui s'attendait probablement à ce rappel à l'ordre, ne fut pas embarrassé pour lui répondre et lui dit, moitié en plaisantant, moitié sérieusement : Eh bien ! ma mère, si je n'ai pas encore fait mes Pâques, vous en êtes la cause ; si vous le voulez, je les ferai de suite, cela ne tient qu'à vous.

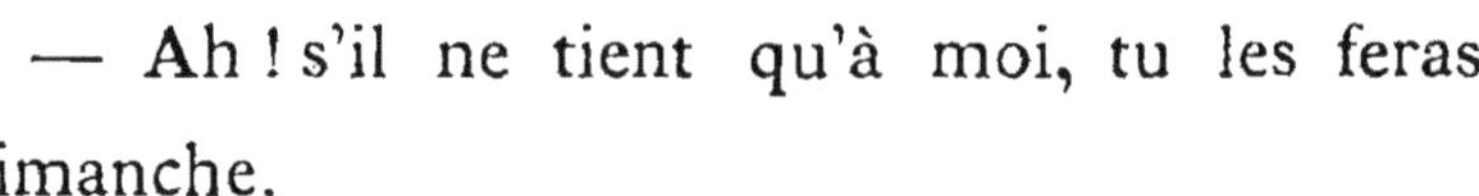

— Ah ! s'il ne tient qu'à moi, tu les feras dimanche.

— Je ne demande pas mieux.

— Que faut-il donc que je fasse ?

— Je vais vous le dire.

— Eh bien !

— Eh bien ! un jour que l'argent était rare dans ma poche et que j'en avais besoin pour faire quelque fredaine que je ne voulais pas vous dire, j'ai mis la main dans votre tiroir... Vous voyez bien que le sort de mes Pâques est dans vos mains : comment puis-je aller me confesser, si auparavant vous ne me donnez cet argent ?

— Va, grand farceur, va te confesser : tu sais bien que je te le donne.

— Grand merci, mère ; je ferai maintenant mes Pâques de meilleur cœur.

Denis avait, en somme, une jeunesse exemplaire et parfaitement pure, mais il n'oubliait pas la grande affaire du mariage. On prétend même qu'il avait donné de bonne heure son cœur et sa foi à celle qui plus tard devint en effet son épouse. Déjà, avant son départ pour la campagne de 1814, il avait pour sa cousine Jeanne-Marie Passerat d'autres sentiments que ceux d'un simple cousin-germain. Cet amour, partagé, l'aida à traverser les épreuves et les tentations de la jeunesse. Il se conservait pour celle qu'il s'était choisie entre toutes.

Mais les parents [1] ne facilitaient guère les

[1] Les époux Passerat eurent sept filles et un garçon, qui

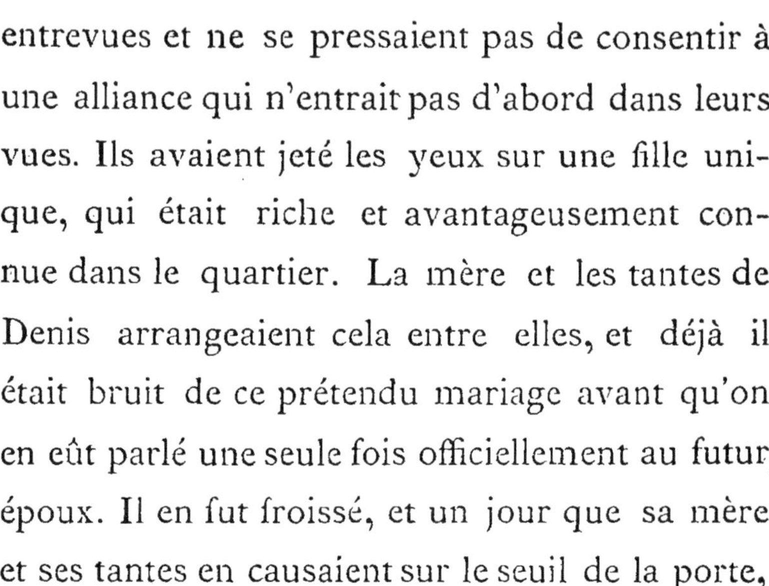

entrevues et ne se pressaient pas de consentir à une alliance qui n'entrait pas d'abord dans leurs vues. Ils avaient jeté les yeux sur une fille unique, qui était riche et avantageusement connue dans le quartier. La mère et les tantes de Denis arrangeaient cela entre elles, et déjà il était bruit de ce prétendu mariage avant qu'on en eût parlé une seule fois officiellement au futur époux. Il en fut froissé, et un jour que sa mère et ses tantes en causaient sur le seuil de la porte,

tous se marièrent. Ils faisaient valoir les jardins qui s'étendaient autrefois de la place Mi-Carême à la place Jacquard et qui appartenaient à M. Ravel, de Saint-Héand.

Bientôt ils en devinrent propriétaires, et ce terrain, divisé en plusieurs lots, porte encore aujourd'hui le nom de jardin Passerat. C'était une famille fort honorable, alliée aux Desjoyeaux et autres familles anciennes du pays.

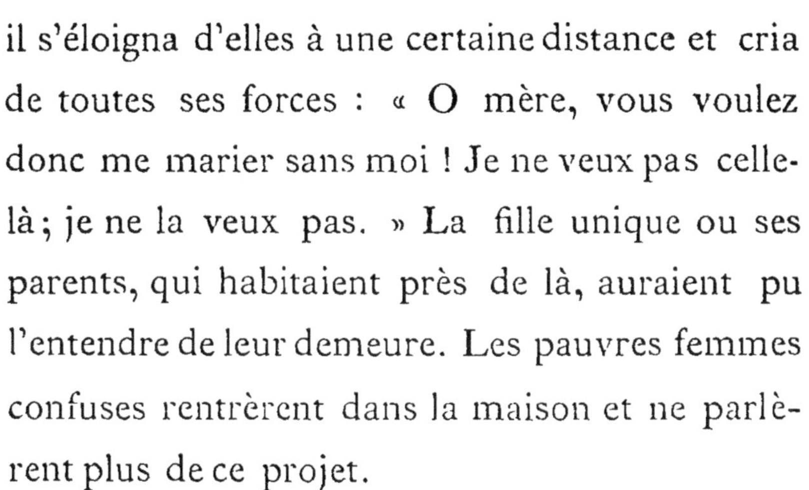

il s'éloigna d'elles à une certaine distance et cria de toutes ses forces : « O mère, vous voulez donc me marier sans moi ! Je ne veux pas celle-là ; je ne la veux pas. » La fille unique ou ses parents, qui habitaient près de là, auraient pu l'entendre de leur demeure. Les pauvres femmes confuses rentrèrent dans la maison et ne parlèrent plus de ce projet.

La grande objection au mariage de Denis Epitalon avec sa cousine Jeanne-Marie était le degré de parenté. C'était, en effet, une objection fort sérieuse et dont il faut tenir grand compte en général.

Mais cependant, dans la circonstance présente, il y avait entre les futurs époux une telle entente et une telle convenance de caractère qu'on pensa que c'était le cas, ou jamais, de solliciter les dispenses de l'Eglise.

Les parents finirent donc par consentir à cette alliance; les deux cousins devinrent fiancés et s'épousèrent.

C'était en 1821.

Denis avait 27 ans.

Le vœu de leur jeunesse et peut-être de leur enfance est accompli. Ils entrent en ménage, heureux et bénis de Dieu.

VI

LA MAISON DE COMMERCE

LA FORTUNE.

C'est vers l'époque de son mariage que Denis Epitalon commença péniblement à faire le commerce de rubans pour son propre compte. Il n'avait tout d'abord que quelques mille francs et quelques métiers au service de son activité et de son intelligence pour les affaires.

Après dix-huit mois de travail et d'efforts, ne se voyant plus d'argent dans les mains, mais seulement quelques créances dans ses livres et quelques cartons de rubans dans ses placards, il se crut ruiné et voulut faire son premier inventaire. Il s'attendait si peu à des bénéfices qu'il disait sincèrement à un de ses ouvriers : « Veux-tu me donner tes trois métiers, je te cède ma place et ma fortune. »

Votre grand-père disait souvent qu'à ce moment il aurait échangé tout son avoir contre trois métiers.

Tout compte achevé, il se trouva que notre nouveau fabricant avait fait, dans cet exercice de dix-huit mois, pour 45,000 francs d'affaires, sur lesquelles il avait gagné près de 8,000 francs.

Il ne pouvait en croire les chiffres qu'il avait sous les yeux et recommença plusieurs fois son inventaire.

Cette grande différence entre les premières prévisions et la réalité provenait de ce que, peu

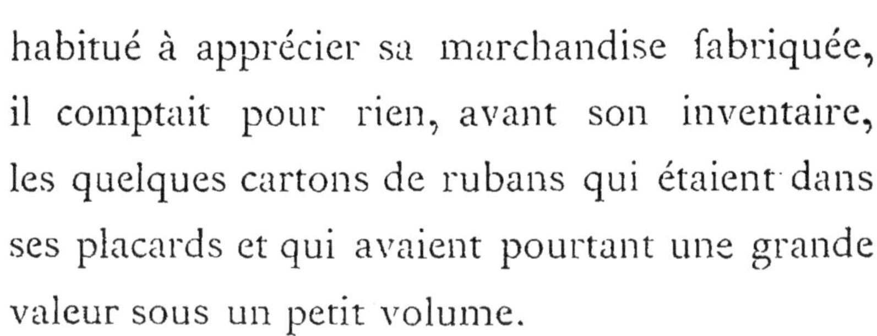

habitué à apprécier sa marchandise fabriquée, il comptait pour rien, avant son inventaire, les quelques cartons de rubans qui étaient dans ses placards et qui avaient pourtant une grande valeur sous un petit volume.

Mais enfin, convaincu de la vérité et plein de reconnaissance envers Dieu, il résolut, séance tenante, de consacrer au soulagement des pauvres une partie de cette somme inespérée.

Noble usage de ses premiers bénéfices et signe précurseur d'une étonnante bénédiction !

Malgré ce succès bien propre à l'encourager, Denis Epitalon [1], qui avait été arrêté plusieurs

[1] On raconte qu'un jour il était arrivé chez sa mère en disant :

— Mère, je n'ai plus ni soie ni argent, je m'arrête.

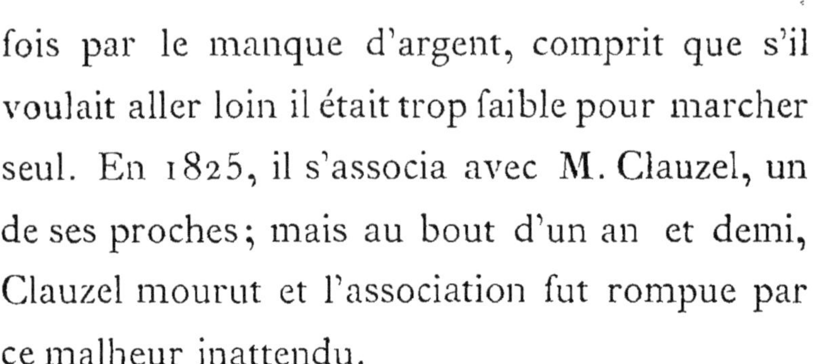

fois par le manque d'argent, comprit que s'il voulait aller loin il était trop faible pour marcher seul. En 1825, il s'associa avec M. Clauzel, un de ses proches; mais au bout d'un an et demi, Clauzel mourut et l'association fut rompue par ce malheur inattendu.

Désormais Denis Epitalon se croit assez fort pour continuer seul le commerce.

Ou plutôt, comme vous le savez, il prit de nouveaux associés. Ces associés étaient les pauvres. Il leur réserva une part assurée dans ses bénéfices, et promit à Dieu de leur donner le dixième au moins de ce qu'il pourrait gagner.

— Combien te faut-il pour te permettre de continuer ?
— Il me faudrait trois mille francs.
Sa mère les lui prêta.

Depuis cette époque, à chaque inventaire, la dîme du pauvre a été prélevée. C'était une part sacrée, mise de côté, à laquelle les pertes ordinaires du commerce ne devaient pas porter atteinte. Précieuse association, où il n'y a rien à perdre et tout à gagner ! Nous, pauvres de la grâce, ne trouvons-nous pas ces mêmes avantages dans les pieuses associations chrétiennes où l'Eglise nous invite ?

Votre grand-père, dans sa piété ingénue, attribuait encore, dans les derniers temps de sa vie, ses longs succès à cette part volontaire faite au bon Dieu durant tout le cours de sa carrière.

Même aux yeux des hommes, ce budget des pauvres, arrêté d'avance, a quelque chose de parfaitement beau et de singulièrement grand.

On donne avec grandeur d'âme quand on donne librement et en dehors de toute sollicitation. La plupart des hommes ne font l'aumône qu'à leur corps défendant, pour se débarrasser quand ils sont sollicités, ou bien pour satisfaire une vague philanthropie quand ils rencontrent sur leur chemin, sans les chercher, les haillons de la misère.

Denis Epitalon, laissé seul par la mort de son associé, mais s'appuyant avec confiance sur Dieu d'abord et puis sur une femme digne de lui et capable de le seconder, se remit à l'œuvre avec courage. Il tâtonna pour ainsi dire jusqu'en 1830 pour trouver sa véritable voie commerciale.

Il avait abordé au début les petits *taffetas fa-*

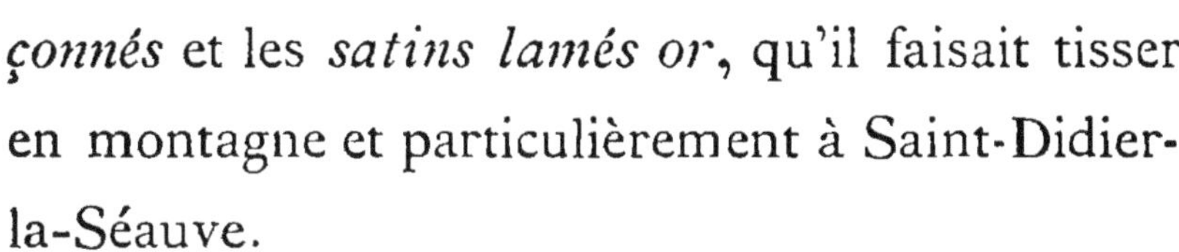

çonnés et les *satins lamés or*, qu'il faisait tisser en montagne et particulièrement à Saint-Didier-la-Séauve.

Son magasin était alors en rue Bourbon, devenue aujourd'hui une partie de la rue de la Loire.

Mais, à partir de 1831, il fabriqua, d'une manière plus franche et presque exclusive, le *ruban satin uni*.

Enhardi par l'appui que lui prêtait à Paris un Stéphanois bien connu des vieux fabricants, M. Bayon, il arriva à produire des quantités notables de ces rubans, qui obtenaient alors une vogue immense sur les marchés de Londres et de Paris et qui sont restés la spécialité de la maison Epitalon.

C'est aussi en 1831 que les magasins furent agrandis et installés pour dix ans dans la maison Basson, en rue de la Bourse.

Le commerce Epitalon aîné se maintenant avec sagesse dans sa spécialité des satins unis, défiait toute rivalité et prospérait de plus en plus.

Son chef était fort habile pour tout ce qui concernait sa profession. Doué d'une rare sagacité et d'un jugement très-droit, il dirigeait parfaitement ses affaires, inspirait une confiance absolue dans sa loyauté [1] et se livrait tout entier à son négoce. Pendant bien des années il suffit à faire le dedans et le dehors, contrôlant tout dans son magasin et visitant ses métiers en montagne.

[1] Il montrait un jour à son premier commis un tout petit papier carré qu'il venait de recevoir et lui demandait ce que

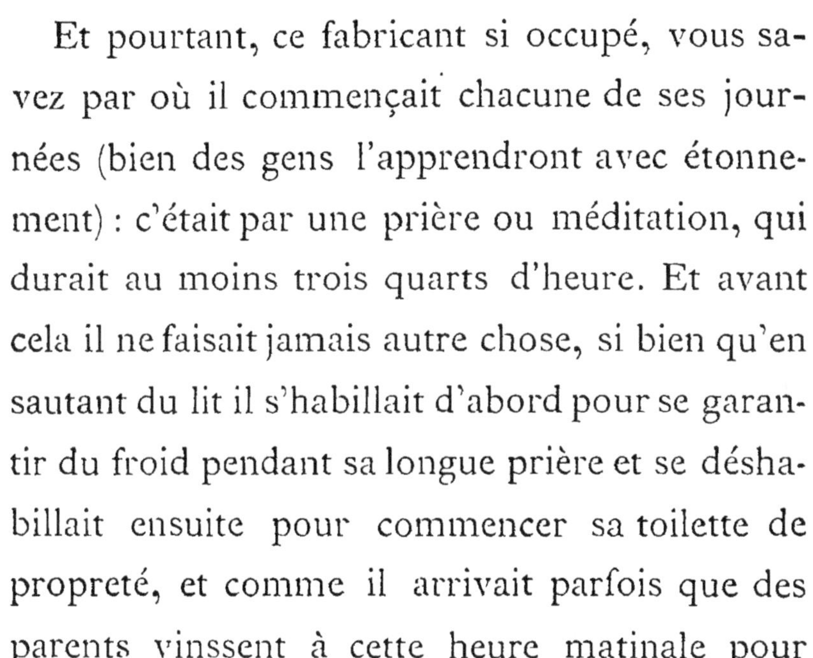

Et pourtant, ce fabricant si occupé, vous savez par où il commençait chacune de ses journées (bien des gens l'apprendront avec étonnement) : c'était par une prière ou méditation, qui durait au moins trois quarts d'heure. Et avant cela il ne faisait jamais autre chose, si bien qu'en sautant du lit il s'habillait d'abord pour se garantir du froid pendant sa longue prière et se déshabillait ensuite pour commencer sa toilette de propreté, et comme il arrivait parfois que des parents vinssent à cette heure matinale pour

cela pouvait être. Le commis répondit que c'était tout au plus la moitié d'une carte de visite.

C'était une commission de cent mille francs.

On avait affecté de n'écrire que les numéros du ruban et le nombre de mètres.

Le reste était affaire de confiance.

lui parler, ils frappaient inutilement à la porte de sa chambre. Sa femme, qui connaissait ses habitudes, leur disait simplement : « C'est inutile ; il ne vous dira rien avant d'avoir fini ses prières. »

L'heure de son lever était régulière : il sautait du lit quand six heures sonnaient à sa pendule, qui avançait toujours d'une demi-heure ; ruse innocente pour tromper la mollesse.

Vous voyez que votre grand-père ne s'est pas enrichi en dormant.

Sa femme, la douce Jeanne-Marie, le secondait à merveille.

Elle était toujours à la tête des ouvrières, surveillant le magasin, travaillant de ses mains, se faisant aimer de tous.

Néanmoins elle trouvait le temps d'aller tous les jours à la messe de sept heures. Son mari, qui devait après elle entrer dans la même habitude, l'y accompagnait déjà souvent.

Et surtout, il n'entreprenait rien d'important sans aller dans quelque église demander à Dieu de bénir son entreprise. Sur la fin de sa vie, il posait en principe qu'on se trouvait bien, avant de prendre une décision grave, de demander conseil à deux personnes, à sa femme et au bon Dieu.

Dans de telles conditions, il n'est pas étonnant que la fortune soit venue à grands pas visiter les jeunes époux. Ils allaient naturellement au devant d'elle. Il ne convient pas que nous entrions dans le détail à ce sujet ; nous nous bornerons à indiquer ses principales étapes.

Un jour (nous ne dirons pas en quelle année), notre fabricant de rubans s'en alla trouver son beau-père Passerat avec un visage plus riant que de coutume et lui parla à peu près dans ces termes :

« Vous m'avez raconté bien des fois que lorsque vous étiez fermier des jardins du vieux M. Ravel, de Saint-Héand, il avait l'habitude de vous dire : « Vois-tu, mon petit, pour faire sa « fortune il n'y a que les premiers cent mille « francs qui coûtent ; il faut bien travailler, « bien se donner du mal pour les gagner, mais « une fois qu'on les a, ils font la boule de neige « et la fortune est faite. »

— « C'est vrai : notre maître aimait à racon- « ter comment il était devenu riche.

— « Eh bien ! ce matin j'ai fait mon inven-
« taire.

« Mes premiers cent mille francs, je les ai et
« je viens vous le dire. »

Inutile d'ajouter que cette nouvelle fut bien accueillie et qu'on en tira d'heureux présages pour l'avenir.

Le même jour, après avoir annoncé cette bonne nouvelle à sa femme, Denis ajouta : « Je t'avais dit au temps de notre mariage que j'aimais par dessus tout le *bœuf bouilli* et les *pommes de terre ;* maintenant tu pourras varier un peu notre ordinaire et y ajouter de temps en temps de la volaille ou du mouton.

— Tes goûts auraient donc changé depuis peu, Denis ?

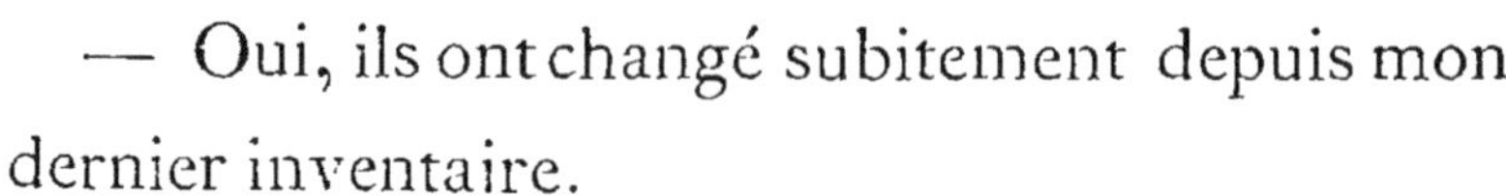

— Oui, ils ont changé subitement depuis mon dernier inventaire.

Sa femme comprit, comme vous le comprenez vous-mêmes, que ses premiers goûts avaient pour cause l'économie.

L'économie ! voilà la base de toutes les fortunes bien acquises, comme elle est aussi une condition indispensable de leur conservation.

Votre grand-père la pratiquait peut-être à l'excès aux yeux d'un certain monde, parce qu'il avait conservé dans la richesse toutes ses habitudes de simplicité antique ; mais il pratiquait cette économie bien entendue qui est le contraire de l'avarice et qui consiste à modérer ses dépenses personnelles, afin de pouvoir plus largement donner aux pauvres. Le riche qui dépense beaucoup pour lui-même pourra-t-il dépenser beaucoup pour les pauvres ?

Denis Epitalon tenait scrupuleusement sa promesse à leur égard, ou plutôt il donnait, donnait toujours, et en apparence sans compter. Son premier soin était de venir en aide à ses ouvriers quand il les savait dans un moment de gêne ou de malheur. Rien de plus touchant que ses rapports avec eux. Il traitait ses chers passementiers comme un père ses enfants, se préoccupant avec intérêt de leur famille et leur donnant assez souvent de sages conseils et de bonnes leçons sous la forme pittoresque d'une plaisanterie. Simple et familier, il parlait toujours avec eux le vieux patois gaga, qui n'avait pas cessé d'être sa langue de prédilection ; et quand il allait dans les anti-

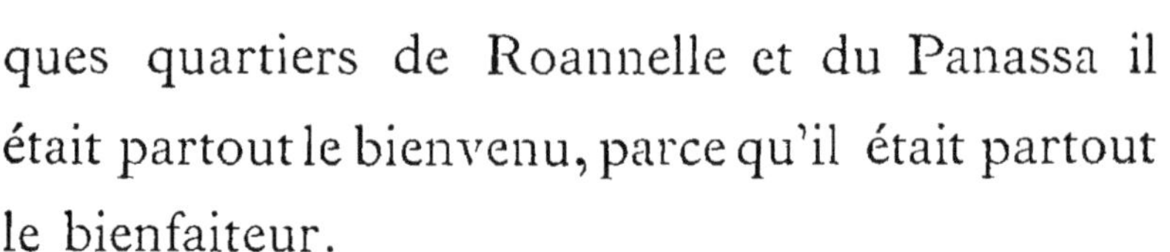

ques quartiers de Roannelle et du Panassa il était partout le bienvenu, parce qu'il était partout le bienfaiteur.

Cependant la maxime du vieux père Ravel se réalisait à souhait. Les bénéfices grossissaient à mesure que le commerce se développait, et le commerce se développait en proportion des nouvelles ressources. C'était la boule de neige qui s'arrondissait en roulant et qui roulait mieux en s'arrondissant.

Cette prospérité fut marquée à l'extérieur par la construction, en rue de la Bourse, d'une maison qui est habitée par la famille depuis 1841 et par l'acquisition de la vaste propriété du Maniquet en 1846.

Dans ces deux placements, Denis Epitalon

commit la faute que commettent presque tous les parvenus à la fortune, il gêna son commerce et faillit en compromettre le développement, en se privant tout d'un coup d'un argent très-utile à son fond de roulement.

Par bonheur, d'heureuses spéculations affranchirent les difficultés et portèrent bientôt sa maison au comble de la prospérité.

En effet, il y eut une période où la fortune fit un dernier pas, mais un pas de géant. Ce fut pendant la République de 1848.

Au premier bruit de cette révolution nouvelle, tous les intérêts furent en émoi et dans l'alarme.

Aussitôt le commerce tomba dans le marasme. Chacun cherchait à sauvegarder son argent comptant et craignait de l'exposer dans de nouvelles entreprises.

Notre fabricant se fit, dans son rare bon sens, un raisonnement tout différent.

Il se dit à lui-même : « Si les révolutionnaires doivent nous piller, ils prendront tout aussi bien, et même mieux, mon argent blanc que mes ballots de soie ou mes placards de rubans. Je vais mettre tout mon argent en soie ou en rubans ; j'aurai du moins la satisfaction d'occuper mes pauvres passementiers, qui sans cela peut-être auraient faim. »

Ainsi dit, ainsi fait.

Le prix de la soie avait considérablement baissé. Le père Epitalon en remplit tous ses dépôts. Il en mit partout jusqu'au troisième étage de la maison et fit travailler comme de coutume et dans les mêmes conditions que par le passé.

Il aurait pu augmenter ses bénéfices en diminuant le prix de la façon en ce temps de chômage, mais il ne voulut pas spéculer, à la faveur des malheurs publics, sur la misère du pauvre ouvrier.

Si le commerce français était alors paralysé, par contre, l'Angleterre et l'Amérique envoyaient de nombreuses commissions. La maison Epitalon osait les accepter, quand on brûlait les couvents dans notre ville affolée et qu'on menaçait de détruire l'ordre social jusque dans ses fondements.

Elle fut récompensée de n'avoir pas désespéré de la situation.

En effet, lorsque le calme politique eut succédé à l'orage, le commerce prit tout à coup un essor inouï et les commandes affluèrent de toutes parts.

Tandis que les concurrents se hâtaient de mettre en fabrique pour répondre aux commissions qui leur étaient faites, la maison Epitalon n'avait qu'à puiser dans ses placards.

Tous ces rubans entassés donnèrent de grands benéfices ; car les soies avaient été achetées à bas prix et les rubans se vendaient chèrement. Mais ces bénéfices étaient bien acquis. Personne ne dût en être jaloux. Cette entreprise hardie eut l'avantage d'être tout à la fois une bonne affaire et une bonne action.

La maison Epitalon était désormais à l'abri

des fluctuations commerciales, et l'énorme faillite Jakson put fondre sur elle sans l'ébranler.

Jakson était, à Paris, le correspondant d'une bonne maison anglaise, mais il agissait aussi en son nom et voulut faire des spéculations pour son propre compte. Elles furent malheureuses ou malhonnêtes, et il se déclara en faillite. La maison Epitalon était compromise pour la somme de 160,000 fr.

Mais, avant cette catastrophe, qui arriva en 1855, le père Epitalon avait cédé son commerce à ses fils, et la maison Epitalon aîné était devenue la maison Epitalon frères. Tout d'abord, on voulait conserver la même raison de commerce, la même marque de fabrique; mais le père fit remarquer avec beaucoup de sagesse que cela

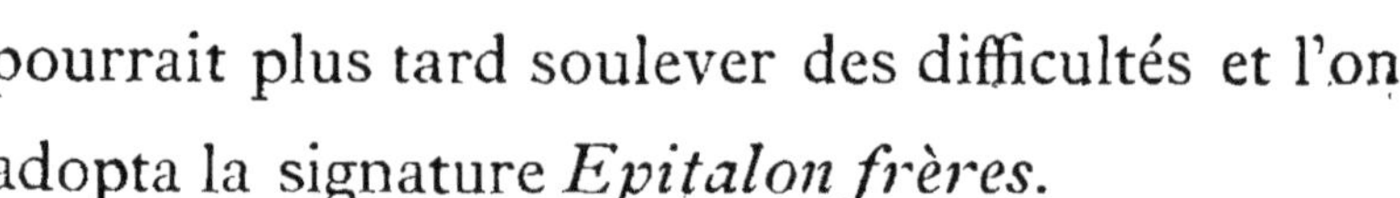

pourrait plus tard soulever des difficultés et l'on adopta la signature *Epitalon frères*.

Les deux fils, élevés à l'école de leur père, ont continué le commere en suivant les mêmes traditions, en se faisant, comme lui, aimer de leurs ouvriers par leurs bons procédés et bénir de Dieu par leur religion et leur bienfaisance.

L'organisation du magasin a dû être un peu modifiée. La maison de la rue Mi-Carême a été bâtie et des ateliers spacieux s'étendent entre cette nouvelle maison et celle de la rue de la Bourse ; mais la mère Epitalon n'étant plus là pour diriger ce nombreux personnel de devideuses, ourdisseuses, plieuses, etc., il a fallu donner une maîtresse à chaque brigade, et imposer une discipline pour maintenir le bon esprit.

Il a fallu aussi, lorsque le ruban satin a été un peu démodé, chercher de nouveaux débouchés au commerce, et l'on fabrique aujourd'hui avec succès, en même temps que le *satin uni*, les articles de *faille* et de *taffetas noirs*.

Pourquoi ne pas dire, en terminant ce chapitre, que le monde officiel lui-même a reconnu la supériorité de la maison Epitalon et lui a décerné pour ses rubans, *aux Expositions universelles de 1855 et de 1867* des médailles de premier ordre ?

Tout cela se faisait sous les yeux et sous l'inspiration du père Epitalon, heureux de voir prospérer de plus en plus la maison qu'il avait fondée.

VII

LA VIE DE FAMILLE.

Après avoir parcouru la carrière commerciale de Denis Epitalon, ce nous sera un doux repos de nous arrêter un instant pour contempler l'intérieur béni de sa famille.

Vous vous souvenez que les deux époux, Denis et Jeanne-Marie, se connaissaient à fond avant de s'unir.

Ce fut très-heureux.

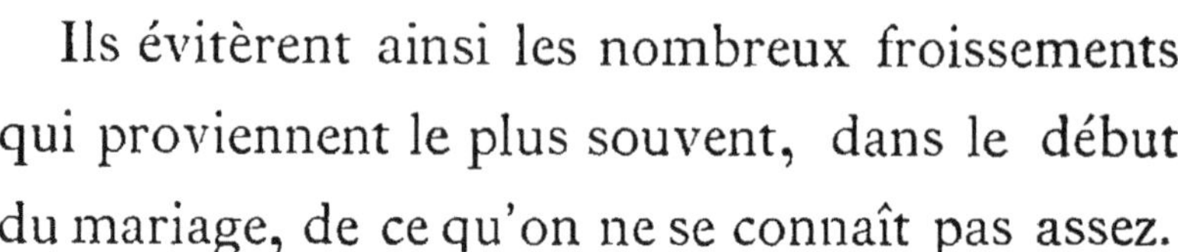

Ils évitèrent ainsi les nombreux froissements qui proviennent le plus souvent, dans le début du mariage, de ce qu'on ne se connaît pas assez.

Une inconnue aurait souffert beaucoup avant de s'habituer au caractère impétueux et vraiment original de notre bon Denis.

Mais sa cousine, qui savait prendre le chemin du cœur, obtenait de lui tout ce qu'elle voulait ; et par sa douceur, par l'excellence de son jugement, elle entretenait constamment au foyer la paix et le bonheur.

Votre grand-père a raconté à votre sœur Jeanne (qui cherchait peut-être à savoir si l'on était heureux dans le mariage) qu'il ne s'était boudé qu'une seule fois avec sa femme dans tout le cours de leur commune existence. C'était

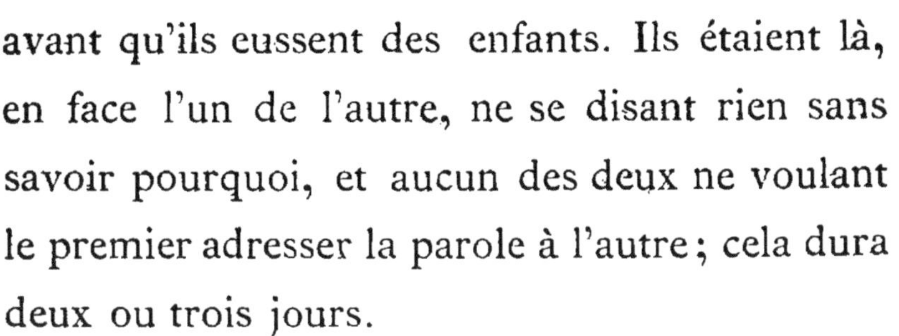

avant qu'ils eussent des enfants. Ils étaient là, en face l'un de l'autre, ne se disant rien sans savoir pourquoi, et aucun des deux ne voulant le premier adresser la parole à l'autre; cela dura deux ou trois jours.

A la fin, ils éclatèrent de rire en se regardant, et ce fut fait pour la vie.

Bientôt des enfants vinrent accroître leur bonheur. Malheureusement, ils eurent la douleur d'en perdre plusieurs et n'en gardèrent que trois sur six :

Claude, né en 1822.

Fleurine, en 1823.

Jean-Marie, en 1825.

Les deux fils firent leurs études au lycée de

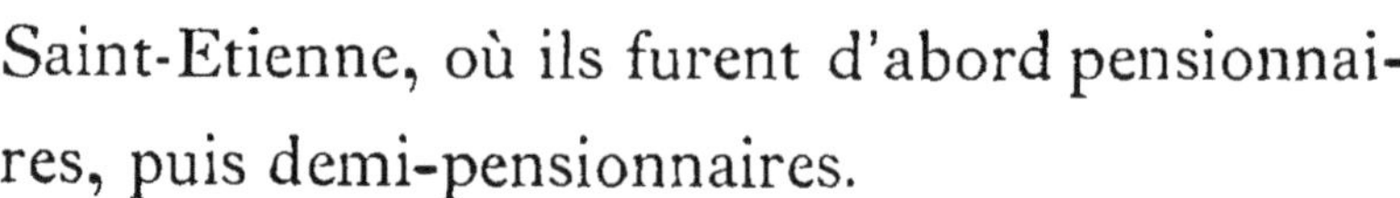

Saint-Etienne, où ils furent d'abord pensionnaires, puis demi-pensionnaires.

Fleurine se sépara bien peu des caresses de sa mère.

Si la mère caressait ses enfants, le père ne les gâtait pas. Il fut toujours partisan de l'éducation sévère et la pratiqua dans toute sa rigueur. Selon lui, un enfant devait avant tout travailler, obéir et n'avoir pas un sou dans sa poche. Ces conditions bien remplies, il lui était permis de s'amuser.

Il est probable que vous n'aimeriez pas tant les jeudis si vous aviez été sous la main de votre grand-père.

Demandez à votre papa comment se passaient

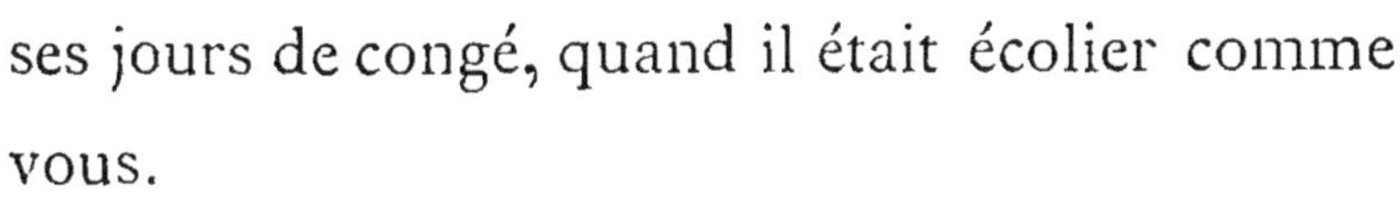

ses jours de congé, quand il était écolier comme vous.

Dans ce temps, hélas ! la presse à copier les lettres n'était pas encore inventée. C'était l'amusement du jeudi.

Copier des lettres de commerce, comme c'était amusant !

Il y avait aussi des commissions en retard, des courses à faire. C'était encore un agrément du jour de congé.

Et, notez bien, il ne fallait pas profiter de ces sorties pour organiser seulement une petite partie de globules sur la place de l'Hôtel-de-Ville.

Non, c'était très-imprudent.

Ecoutez ce qu'il advint à trois jouvenceaux pour semblable aventure.

L'un était votre père.

L'autre, votre oncle.

Le troisième, Claude Barbe, un aimable cousin et condisciple qui était souvent à la maison.

Ils revenaient ensemble d'une course. La commission avait été faite et bien faite. Qui les empêchait de jouer une petite partie..... rien qu'en passant ? Bah ! Ils seraient vraiment malheureux si le père Epitalon se trouvait de passage au même moment et venait les surprendre.

Il les surprit !

Et le dimanche suivant, malgré les supplications de la mère, chacun d'eux fut fermé dans une chambre et condamné à copier :

Celui-ci, les sept Psaumes de la pénitence.

Celui-là, la Passion de Notre-Seigneur, et cet-autre, l'Office du dimanche.

Je serais bien injuste envers votre grand-père si je n'ajoutais qu'il était aussi bon que sévère à l'égard de ses enfants. Il était bon par nature et sévère par principe. Il ne voulait pas les flatter de peur de les perdre.

Il ne voulait pas satisfaire leurs caprices de peur d'avoir plus tard à réprimer des passions. Il avait pour principe de faire en sorte que ses enfants ne cherchassent pas des plaisirs en dehors de la famille.

Principe excellent.

C'est pour cela qu'il leur donnait peu d'argent, mais il faisait en même temps des sacrifices d'un autre genre. Ainsi, par exemple, il louait sou-

vent pour ses fils de petits chevaux, qu'ils étaient fiers de monter en accompagnant leur père dans ses tournées de barre.

D'autre fois, c'était une bonne partie de plaisir à la campagne, ou bien quelques beaux jours passés chez l'oncle Passerat, aux Brumeaux, ou chez la bonne tante Jacquot, à Sury. [1]

Lorsque ses enfants furent devenus grands, le père Epitalon ne relâcha rien de son autorité, ne changea pas de système. Il exigeait avant tout qu'ils remplissent leurs devoirs religieux ; ne se contentant pas de leur donner le bon exemple,

[1] La tante Jacquot était la plus jeune des sept filles Passerat. Elle habite encore Sury comme autrefois. C'est elle qui nous a donné avec beaucoup de complaisance la plupart des renseignements relatifs à la première partie de cette histoire. Vous lui en devez de la reconnaissance.

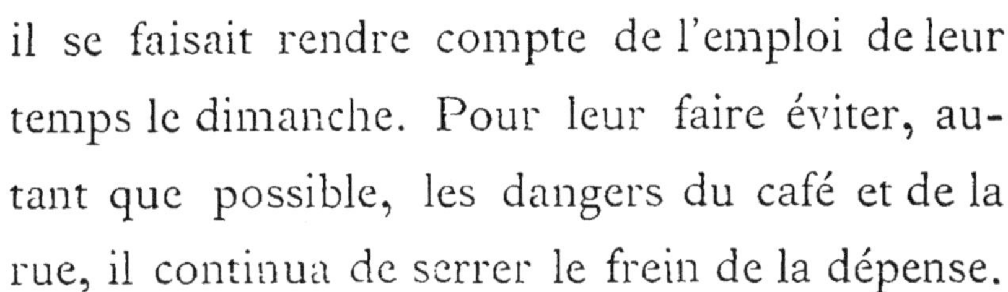

il se faisait rendre compte de l'emploi de leur temps le dimanche. Pour leur faire éviter, autant que possible, les dangers du café et de la rue, il continua de serrer le frein de la dépense.

Après leur sortie du collège, c'est-à-dire à l'âge de 19 ou 20 ans, les deux fils ne recevaient pour leurs menus plaisirs que deux ou trois francs par semaine, encore ils les recevaient de la main de leur mère et à l'insu du père, du moins en apparence.

C'était un bien maigre budget pour des jeunes gens qui se sentaient riches.

Il fallait réprimer bien des désirs inassouvis et peut-être aussi de secrètes colères contre cette loi inexorable des quarante sous par semaine.

Néanmoins ils n'eurent pas d'autres ressour-

ces jusqu'à ce qu'ils pussent rendre des services réels au magasin, en qualité d'employés. Dès lors ils reçurent un appointement qui alla en progressant avec leur expérience et leur bonne volonté.

Que penser de cette sévérité paternelle ? Faut-il la désavouer ? Quant à nous, nous la trouvons bonne, et sans hésitation nous la préférons aux mille délicates faiblesses d'une éducation trop commune aujourd'hui.

Ainsi donc, dans la famille Epitalon, le père exerçait son autorité de manière à imprimer dans l'âme de ses enfants cette crainte salutaire qui est le commencement de la sagesse et qui se change plus tard en profonde affection et en reconnaissance ; la mère tempérait cette sévérité

par sa douceur et sa tendresse, et les enfants faisaient à cette école l'apprentissage de la vie où il faut supporter, malgré la fortune, tant de privations et de peines.

Lorsque la famille eut ainsi grandi et que le commerce eut apporté la fortune, il semblait que la maison Epitalon allait voir ses plus heureux jours.

Hélas ! elle allait être visitée par la mort. Un dimanche d'été, la mère Epitalon était allée avec sa fille Fleurine passer la journée à la campagne de son frère Passerat, près du Maniquet. Au commencement du dîner, la pauvre mère se trouva mal ; on la ramena comme on put à Saint-Etienne, et deux jours après elle était morte. C'est en 1849 que disparut celle que tout le monde aimait et qu'on appelait dans sa famille la *Perle de la maison*.

Son mari garda pour elle, dans son cœur, un souvenir et une espèce de culte qui ne se démentirent jamais. Tous les mois, il faisait dire huit messes, dont quatre étaient pour sa femme et quatre en l'honneur de la Sainte Vierge ; et à sa mort nous n'avons pas été peu touché de trouver dans son secrétaire une ancienne bourse avec cette inscription : « Souvenez-vous que cet argent a appartenu à votre mère. »

Vous savez aussi qu'il ne manquait jamais une occasion de rendre hommage à sa femme. Il aimait à dire qu'elle avait fait plus que lui pour le succès de ses affaires.

Il est bien vrai que la vie humaine est une

série non interrompue de deuils et de fêtes, de douleurs et de réjouissances, de jours sereins et de dates néfastes.

Il y eut, dans l'espace de trois ans, deux grands deuils et trois mariages dans la famille Epitalon.

La seconde victime de la mort fut l'unique fille de la maison, Fleurine, morte en couches, le 2 février 1852, et mariée un an auparavant avec M. Rey d'Aurec. Son enfant ne survécut pas.

Un autre mariage avait eu lieu déjà, celui de M. Claude Epitalon, l'aîné de la famille. Il avait épousé, le 16 avril 1850, Mlle Aline Barlet [1] et

[1] Mlle Aline Barlet était fille d'Eustache Barlet et de Catherine Tiblier.

il en eut bientôt un fils, sur la tête duquel reposaient de belles espérances. Dieu leur demanda le sacrifice de ce qu'ils avaient de plus cher au monde : il appela à Lui cet unique enfant, à l'âge de 4 ans.

Enfin, M. Jean-Marie Epitalon épousa, le 8 septembre 1852, Mlle Antoinette Balay, seconde fille de Constant Balay et d'Octavie Thiollière[1],

[1] Les époux Constant Balay ont eu quatre filles :

1° Sophie, devenue Mme Adrien Lyonnet, aujourd'hui veuve avec trois enfants : Octavie, Amélie et Charles Lyonnet ;

2° Antoinette, votre mère bien-aimée ;

3° Valérie, devenue Mme Mathieu Serre, veuve aussi, avec trois enfants : Stéphanie, Pauline et Sophie ;

4° Eugénie, morte en bas âge.

Votre grand-père, Constant Balay, mort en 1862, était le sixième des neuf enfants de Jean-François Balay, inventeur

et vous êtes les enfants de cette alliance qu'on peut dire féconde et heureuse. Deux de vos frères, Constant et Adrien, sont déjà parmi les anges. Vous restez au nombre de six pour perpétuer le nom et les vertus de celui dont je vous raconte la vie.

Il me semble que je dois inscrire ici vos noms

de procédés perfectionnés pour la fabrication des rubans et chef de cette honorable famille des Balay dont les rejetons sont innombrables autour de nous. De ces neuf enfants, il ne reste plus aujourd'hui que M. Michel Balay-Paillon et M. Antoine Balay-Gerin, vos grands-oncles.

Votre grand'mère, Octavie Thiollière, est fille d'Antoine Thiollière et de Sophie Peyret. Dans son veuvage, elle semble reporter toute son affection et son dévouement sur ses enfants et sur ceux qui l'entourent. C'est elle qui, à Saint-Priest, vous reçoit si souvent et avec tant de bonté et que chacun appelle avec raison *la bonne maman*.

afin que, si vous le méritez, ils soient répétés avec louange par vos arrière-neveux :

1° Jeanne Epitalon, née le 19 juin 1853, est devenue, le 19 novembre 1872, l'épouse de M. Adrien Guitton[1], et le 23 mars 1874, la mère d'un bel enfant nommé Auguste;

2° Claude Epitalon, né le 18 janvier 1856,

[1] Fils d'Auguste Guitton, actuellement président du Tribunal de commerce de Saint-Etienne, et de Louise Nicolas-Boutérieux. Les époux Guitton-Nicolas ont eu huit enfants :

1° Antoinette, aujourd'hui Mme Roland;

2° Adrien, votre beau-frère;

3° Ludovie, religieuse du Sacré-Cœur, récemment décédée;

4° Georges, prêtre, ex-prisonnier à Mazas, sous la Commune;

5° Amélie, religieuse du Sacré-Cœur;

6° René, jésuite;

7° Paul;

8° Gaétane.

termine cette année ses études classiques au Collége Saint-Michel;

3° Mathieu, né le 23 juin 1857, est en ce moment confié spéciaiement à mes soins;

4° Marie, née le 23 janvier 1862, est élève à la Visitation;

5° Antoine, né le 7 octobre 1864;

6° Enfin, Michel, né le 4 mai 1867.

Voilà ce qu'est en juin 1874, la postérité de Denis Epitalon!

VIII

NOUVEAU GENRE DE VIE

Denis Epitalon avait perdu sa femme en 1849. En 1852, tous ses enfants étaient morts ou mariés, et le vide se faisait grand autour de lui.

En cette même année, il céda son commerce à ses deux fils, et ainsi il entrait de bonne heure dans la solitude de la vieillesse.

Alors le vide fut immense, ce fut comme une crise dans sa vie.

Il a avoué, plus tard, que jamais la vertu ne lui avait été aussi difficile que dans ce temps de veuvage et de retraite. Certaines tentations se présentèrent à lui avec tant de violence qu'il faillit y succomber, lui inviolable dans sa jeunesse. A l'âge de 60 ans, il était en butte à des poursuites inavouables, mais trop réelles. Les occasions venaient s'offrir d'elles-mêmes avec une impudence incroyable.

Un jour que la tentation était plus violente que d'ordinaire et la poursuite plus acharnée, savez-vous ce que fit votre grand-père pour demeurer fidèle à ses résolutions ?

Ecoutez bien, il y a de l'héroïsme dans sa conduite : il s'en va à l'hôpital et demande à visiter les malades les plus répugnants à la nature, lui qui ne pouvait supporter de voir le moindre mal. On l'introduit dans la salle des amputés et des gangrenés. Il a sous les yeux des plaies affreuses, il entend le gémissement de ceux qui souffrent et le râle des mourants. Rien n'y fait. Le spectacle de la souffrance ne suffit pas pour éteindre en lui l'ardeur de la passion. Il sent que la chair est encore rebelle à l'esprit, et voulant s'en retourner guéri il demanda à pénétrer dans la chapelle des morts.

La grâce de Dieu l'attendait là !

Il arrive en présence de quelques cadavres. Cette vue le fait frissonner et rentrer en lui-même ; l'apaisement se fait peu à peu dans son cœur, et la tranquille leçon de la mort l'emporte enfin sur la violence de la passion.

Voilà, certes, un remède spécifique ! voilà une héroïque vertu !

On reconnaît bien là le père Epitalon avec son énergie indomptable et sa fidélité à Dieu par dessus toutes choses.

Ce trait d'une beauté vraiment biblique n'est pas exagéré. Je le tiens d'un prêtre que vous connaissez bien [1] à qui votre grand-père découvrait parfois tout son cœur avec ses peines et ses combats.

C'est au même prêtre qu'il disait aussi, il y a une quinzaine d'années : « Avec ma fortune, je pourrais contenter mes passions ; les tentations

[1] Ce prêtre est M. l'abbé Clauzet, curé de Saint-Apolinard, parent et ami de votre famille.

sont violentes, mais je sais que ce serait mal et je résiste avec la grâce de Dieu. J'ai trouvé un bon remède : je me représente les malades et les morts de l'hôpital, ou bien je vais les voir. »

C'était une saisissante pratique de la parole sacrée : « Songez à vos fins dernières et vous ne pécherez pas. »

Tout en ayant recours à ces moyens extraordinaires, votre grand-père n'oubliait pas les règles communes de la persévérance chrétienne. Embrassant un nouveau genre de vie, il se fit un nouveau règlement dont il ne se départit jamais.

Son lever demeura fixé à cinq heures et demie. Sa première action fut toujours sa longue prière faite à genoux aux pieds de son lit. Sa toilette ne venait qu'après ce pieux exercice. Il allait ensuite à la messe de sept heures et restait une heure à l'église, occupant toujours la même place et la place la plus modeste, caché derrière une colonne qu'on entend appeler parfois la colonne du père Epitalon.

Sur son chemin, bien des pauvres, qui connaissaient ses habitudes, recevaient l'aumône de sa main. Pourtant, il reconnut en cela des abus, et fit cesser cet usage longtemps avant sa mort.

Après le déjeuner, notre négociant en retraite ne manquait pas de monter au magasin pour prendre connaissance du courrier. Il lisait d'avance dans les yeux de ses fils s'il y avait de bonnes ou de mauvaises nouvelles et s'identifiait avec eux en toute occurence, prenant part à toutes

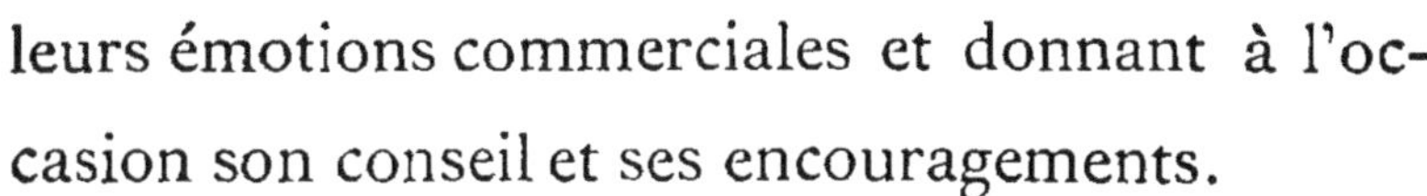

leurs émotions commerciales et donnant à l'occasion son conseil et ses encouragements.

C'était un soutient bien précieux pour ses enfants.

Votre grand-père dînait à midi et n'invitait personne à sa table, mais il était heureux qu'on s'invitât soi-même et recevait très-bien ceux qui avait soin d'avertir à temps l'antique et *monumentale* Marie. Il ne manquait jamais de dire son *Benedicite* et ses *Grâces*, debout, la tête découverte, se distinguant ainsi de la brute dans l'action bestiale du manger, que la religion seule sait ennoblir.

Aussitôt après dîner, Pierre (l'Opiniâtre), autre vieux domestique, attelait régulièrement la petite voiture découverte et conduisait son maître à la propriété du Maniquet.

M. Epitalon y passait quelques heures à diriger l'exploitation d'un fond de réserve, à visiter ses fermiers, ses maçons ou ses terrassiers et parfois à gourmander son jardinier ou bien ses enfants et les enfants de ses enfants.

Après son retour en ville, il allait encore à l'église et passait une heure en prières et en adoration, de sept à huit heures. C'était l'heure des exercices de la paroisse, il se trouvait ainsi à toutes les bénédictions et prières du soir et toujours au pied de sa colonne.

Votre mère lui demandait un jour ce qu'il pouvait dire au bon Dieu pendant ces longues heures qu'il passait à l'église. Votre grand-père

lui répondit ce mot simple et touchant : « *Je baronte.* » Quoi de plus beau que cette expression dans la bouche du pieux vieillard ?

Elle nous rappelle la réponse d'un autre vieillard au saint curé d'Ars, qui lui faisait la même question dans de semblables circonstances : Eh bien ! mon bon ami, que pouvez-vous donc dire au bon Dieu pendant les longues visites que vous lui faites à l'église ? on ne vous voit jamais ni lire ni remuer les lèvres. — Je ne lui dis rien, Monsieur le curé, je l'avise et il m'avise.

Votre grand-père *barontait* avec le bon Dieu, c'est-à-dire qu'il lui disait vingt fois les mêmes choses et répétait ses patenôtres à l'exemple de son vieux grand-père. Il avait l'habitude de dire dans ses prières un *Pater* et un *Ave* nommément pour chaque personne de sa famille et pour chacun de ceux qui se recommandaient à son souvenir devant Dieu.

Si j'écris ces détails, ce n'est pas pour vous qui les avez vus de vos yeux, c'est pour vos petits enfants, qui n'en croiraient peut-être pas votre parole.

Le dimanche, son règlement de vie était différent et sa journée appartenait à Dieu tout entière.

Il allait, comme les jours de semaine, à la messe de sept heures et rentrait à huit heures; mais il n'était pas seul, un homme et une femme du peuple l'accompagnaient et déjeunaient chez lui chaque dimanche, excepté les jours de grande fête. C'étaient les époux Labret.

Pourquoi cette relation singulièrement bien-

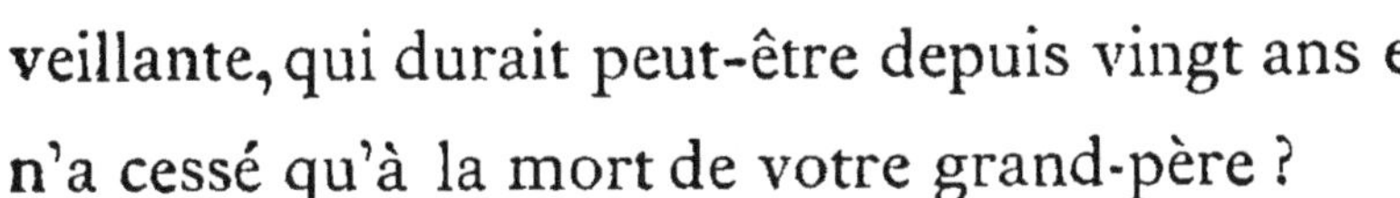

veillante, qui durait peut-être depuis vingt ans et n'a cessé qu'à la mort de votre grand-père ?

Il y a encore là une de ces habitudes que la bonté du cœur et le désir du bien peuvent seuls expliquer. Il faut dire ici que la femme Bonjour, parente de Denis Epitalon, était celle qui lui avait fait ses premiers chargements de rubans, ses premiers échantillons de commerce ; elle avait réussi au-delà de toute espérance et contribué au succès du nouveau fabricant. Mais plus tard elle devint veuve et mourut bientôt après, laissant en bas âge une petite fille nommée Claire. M. Epitalon voulut bien être son tuteur, et la pupille suivait si bien ses bons conseils que votre grand-père, pour l'encourager et la récompenser, l'emmenait déjeuner avec lui tous les dimanches. Le rendez-vous était à la messe de sept heures. Après son mariage, Claire Bonjour, devenue Claire Labret, accompagnée de son mari et de ses enfants, conserva cette touchante coutume jusqu'à la mort de son bienfaiteur.

Cette première messe ne suffisait pas à la piété de votre grand-père; il retournait toujours à la grand'messe et aux vêpres. C'était comme un besoin pour lui, car il aimait avec passion les chants et les cérémonies de l'Eglise. Après les vêpres, il montait chez les Petites Sœurs des Pauvres et se récréait au milieu des vieillards comme nous le verrons plus loin. Quand arrivaient six heures, il quittait l'établissement de la rue des Noyers[1] et redescendait dans l'église

[1] La rue des Noyers est aujourd'hui la rue Denis Epitalon.

de sa paroisse pour assister à la prière du soir.

Voilà des journées où il est impossible que le démon ait une grande part.

Cette conduite n'était pas l'affaire d'un mois ni d'une année; ce fut un fait continu pendant plus de vingt ans. Rien n'y mettait obstacle, ni le froid, ni la chaleur, ni la faim, ni la soif.

Ainsi, un an avant sa mort, le jour de Noël, on remarqua que le pauvre grand-père était resté à l'église depuis la messe de sept heures jusqu'après la grand'messe. Quand on lui en fit l'observation, il répondit que le chemin étant glacé, il avait eu peur de tomber et avait mieux aimé attendre la grand'messe à l'église que d'y retourner. Pourtant, il savait bien que rien ne l'obligeait à y retourner; il avait communié le matin et ne put ainsi déjeuner qu'à midi; mais du moins son règlement avait été accompli et sa piété satisfaite.

Ce qui caractérise votre grand-père et en fait un homme vraiment remarquable, c'est précisément cette fermeté, cette ténacité à accomplir, quoiqu'il en coûte, ce qu'il a une fois résolu de faire.

Il lui en coûtait de se lever matin et toujours à la même heure; il ne le cachait pas quand on l'interrogeait sur ce sujet; mais c'était une chose résolue.

Il lui en coûtait de donner si largement aux pauvres ce qu'il avait acquis au prix de tant de peine: on sentait bien parfois qu'il donnait par devoir et par une décision prise d'avance contre lui-même, et sans laquelle, souvent peut-être, il n'aurait pas lâché la pièce d'or dans la main du malheureux.

Enfin, il lui en coûtait de mettre une limite à une légitime ambition et de dire à sa fortune : « Tu n'iras pas plus loin ; » et pourtant nous allons voir qu'il prit une semblable résolution et la réalisa.

A cette époque, en effet, notre négociant, en entrant dans la retraite, se compose un nouveau budget des pauvres. Etant dans le commerce, nous avons vu qu'il leur donnait la dîme de ses bénéfices ; aujourd'hui il est résolu de leur donner tous ses revenus et de ne plus augmenter sa fortune.

Donner aux pauvres tous ses revenus, voilà

une résolution héroïque à tout âge, mais plus encore à l'entrée de la vieillesse, où l'homme d'ordinaire se détache si difficilement des biens de la terre et de la folle ambition d'accroître sa fortune, surtout quand il laisse après lui des enfants. Denis Epitalon avertit les siens de sa résolution, qu'ils ne trouvèrent pas mauvaise et nous savons sûrement qu'il l'appliqua dans toute sa rigueur.

Cette magnifique part faite à l'aumône aurait bien vite trahi son humilité, s'il s'en était fait le distributeur habituel. Mais non, votre grand-père donnait le plus souvent par des intermédiaires, et ses intermédiaires ordinaires n'étaient ni des prêtres, ni des religieuses, ni des communautés, mais de simples ouvrières en qui il avait à bon droit toute confiance.

Pourquoi encore cette apparente singularité ? Denis Epitalon aimait à assurer, autant que possible, le bon emploi de ses aumônes. Il avait été trompé souvent ; il craignait de l'être encore et d'augmenter les abus de la mendicité au lieu de soulager la vraie misère.

C'est dans cette crainte qu'il faisait beaucoup d'aumônes en nature et qu'il choisissait, pour les distribuer, de simples filles du peuple qui vivaient au milieu des ouvriers et des pauvres, les visitaient souvent, connaissaient à fond leurs familles, leurs ressources et leurs besoins.

Nous pouvons bien nommer une de ces saintes filles, morte depuis deux ans et connue de tout le monde pour avoir joué ce rôle d'intermédiaire entre votre grand-père et les pauvres :

C'est Marianne Matrat.

Elle habitait la paroisse de Saint-Ennemond et répandait là ses plus abondantes aumônes. C'est principalement chez elle que notre bienfaiteur des pauvres envoyait en dépôt ses chars de pommes de terre, ses provisions de beurre et ses boges de farine. C'est elle aussi qui, après des achats considérables, revenait dire à son pourvoyeur qu'il manquait encore tant de paires de souliers, tant de pièces de drap pour finir d'habiller les enfants pauvres de la première communion. Que n'est-elle encore en ce monde pour nous citer mille traits édifiants ?

Mais nous ne savons rien, tout est caché dans le sein de Dieu. Ils ont reçu tous deux la récompense de leur sublime charité !

Cependant Denis Epitalon ne laissait pas de faire l'aumône de ses propres mains et parfois d'une façon très-originale.

Un jour, dans la rue, une pauvre femme se présente à lui en disant, selon la formule, qu'elle était veuve avec quatre enfants qui se mouraient de faim et qu'il ne leur restait pas un morceau de pain. — L'ami des pauvres, qui se trouvait par hasard près d'un boulanger, décrocha une couronne de pain de la devanture et la donna à la pauvre femme en criant : « Au voleur ! au voleur ! »

Le boulanger sortit vivement, mais se trouvant en face du père Epitalon il ne se mit pas en peine du voleur et comprit que son pain allait lui être payé. Mais auparavant, lui dit le père

Epitalon, il faut suivre cette femme qui emporte votre couronne, vous entrerez après elle dans son logis et vous me direz ce que vous aurez vu.

Le boulanger suivit à quelque distance la femme qui s'en allait promptement, entra un instant après elle dans une espèce de grenier où s'abritait cette grande misère et revint chez lui en s'écriant : « Ah ! M. Epitalon, ma couronne de pain n'existe déjà plus. Quand je suis entré, quatre petits enfants la dévoraient plûtôt qu'ils ne la mangeaient. Quelle bonne charité vous avez faite ! »

Le père Epitalon, heureux d'avoir trouvé une véritable misère à soulager donna ordre au boulanger de fournir le pain nécessaire à cette pauvre mère et il visitait lui-même de temps en temps

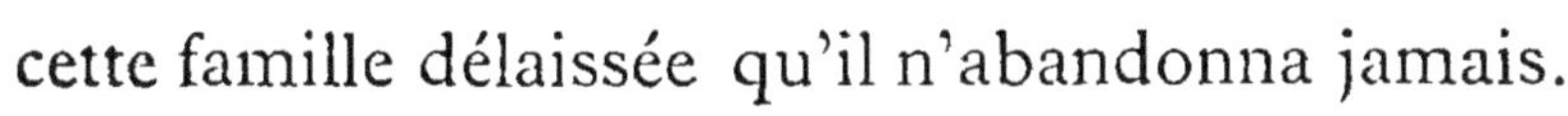

cette famille délaissée qu'il n'abandonna jamais.

Toutefois il s'en fallait que ses aumônes fussent toujours aussi bien placées, et au milieu de tant d'œuvres méritoires se mêlèrent bien des déceptions.

Il racontait à un ami qu'un jour, sollicité par un pauvre forgeron qui prétendait manquer de travail faute d'une avance chez le marchand de fer, il crut bien faire d'ouvrir à ce travailleur besogneux un crédit qui devait le tirer de peine.

Comme il aimait à se rendre compte du bon usage de ses aumônes, il voulut aller juger par lui-même de l'emploi de cette fortune inespérée. Hélas ! il apparut à contre-temps dans le logis du pauvre diable. Le fer avait été mis en gage, et du produit réalisé le joyeux forgeron offrait à sa famille et à ses amis une sorte de ripaille.

Une autre fois, au temps du carnaval, un ouvrier se présente à lui pour obtenir aussi quelque avance. Le père Epitalon, sur la foi de ses déclarations, lui donna 10 francs, se réservant de donner davantage après s'être rendu compte de la situation. Or, pour s'en rendre compte immédiatement, il lui vient en idée de suivre notre homme à distance et d'entrer après lui dans sa demeure. Il le suit donc; mais voici que notre soi-disant malheureux disparaît dans une boutique et en sort un instant après, portant à la main un beau dindon tout plumé ! Cela devenait intéressant... Le père Epitalon continue sa poursuite, et bientôt l'homme et le dindon entrent majestueusement dans le dessous d'une

petite maison basse. A cette entrée, on entendit de loin des cris de triomphe. Votre grand-père comprit bien ce qui se passait, mais il voulut aller jusqu'au bout et s'avança lentement près de la porte restée entr'ouverte.

Là, il entendait par moments de formidables éclats de rire et put à la fin en comprendre la cause. Une troupe de gens avinés était autour d'un bon feu et au milieu d'eux le dindon rôtissait dans une casserole. De temps en temps un individu se détachait de la bande et allait retourner dans son jus la bête des bêtes, en disant dans son patois gaga : « *Vire Mentrand.* » De là les éclats de rire et les grosses plaisanteries à l'adresse du pauvre *Mentrand* qui s'était laissé duper.

Vous vous souvenez que tel était le surnom de votre grand-père et vous comprenez la malice.

Denis Epitalon écouta tout, ne dit rien, mais n'en pensa pas moins, et il est possible qu'une série de déconvenues semblables n'ait pas été étrangère à sa résolution de placer mieux ses largesses en les concentrant surtout entre les mains des Petites Sœurs des Pauvres, quand il eut vu de près les merveilles de leur charité.

Nous parlerons en particulier de cette belle œuvre, qui fut la consolation de sa vieillesse et le couronnement de toute sa vie.

Nous voulons auparavant le suivre dans son cher Maniquet, qui eut une si grande place dans le partage de son existence.

IX

LE MANIQUET

Que dire de toi, ô charmant Maniquet, campagne fleurie, agréable demeure ? Par où commencer l'hymne de louange que les doux souvenirs et la reconnaissance inspirent à mon cœur ? Faut-il chanter tes parterres en fleurs, tes bosquets, ton bois odorant, tes riants vallons ?

Faut-il avant tout célébrer ton illustre origine et ton antique splendeur ?

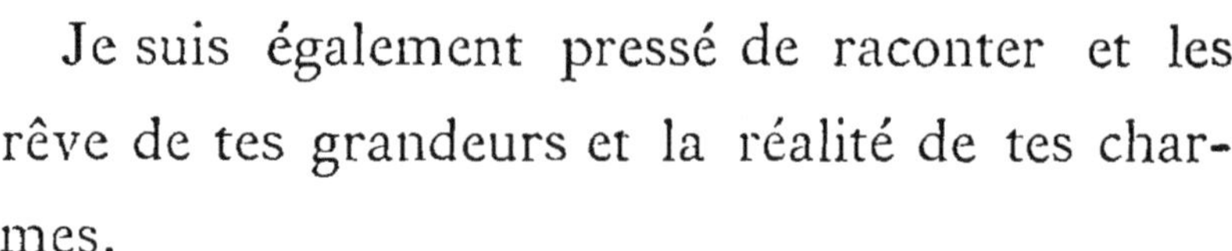

Je suis également pressé de raconter et les rêve de tes grandeurs et la réalité de tes charmes.

Sur le flanc d'un coteau au pied duquel coule le noir Furens, à 7 kilomètres de la ville de Saint-Etienne et à égale distance des communes de Villars, de La Fouillouse, de Latour et de Saint-Priest, s'élevait jadis un modeste château, grand par les souvenirs historiques qui s'y rattachent.

Qui que tu sois, aimable visiteur du Maniquet, porte tes pas avec respect sur la poussière du chemin, sur le gazon de la vallée et apprends, si tu l'ignores, que la terre où tu marches est illustre ; elle a été foulée, il y a plusieurs siècles, par le très-haut, très-puissant et sérénissime seigneur Sully, l'ami et le ministre du grand roi Henri IV, chef de la branche des Bourbons et père des Français.

Mais si tu veux, sans l'ombre d'un doute, conserver dans ton cœur ce glorieux souvenir, ne me demande pas la preuve de ce que j'avance, car tu pourrais t'en repentir.

Ne te suffit-il pas de savoir qu'une ancienne tradition le veut ainsi, et que cette tradition toujours vivace s'étend de Chevrières à Saint-Chamond [1] et de Bouthéon à Planfoy ?

N'en as-tu pas pour preuve le superbe marronnier que chacun appelle l'*arbre de Sully*, et sur un de nos chemins, une croix dont les

[1] S'adresser en particulier à M. Elysée Neyrand.

vieilles armoiries décèlent évidemment une haute origine ?

Ne sais-tu pas que Henri IV a logé à Saint-Etienne dans l'antique maison à médaillons qui touche à la Grand'Eglise, et, si le grand roi est venu dans notre contrée, n'était-ce pas apparemment pour visiter son ami ?

Faut-il enfin te prendre par la main et te montrer, une à une, les cinq allées d'arbres aboutissant au château et révélant par ce cachet de grandeur une magnificence royale ?

Sans doute, les arbres de ces allées ne paraissent pas avoir vieilli sous l'effort des années, mais cela ne prouve que mieux qu'ils furent connus de ce roi puissant, qui a su donner à tout ce qui l'entourait une éternelle jeunesse.

Allons ! sois convaincu, ô toi que l'amitié conduit en ces lieux !

Et vous, ô Boutte, ô Marcelin, fidèles gardiens de cet illustre séjour, ne doutez point de l'honneur qui vous revient et courbez-vous sous le faix de tant de gloire !

Quoiqu'il en soit, de cette tradition plus ou moins complaisante sur l'origine lointaine de la terre du Maniquet, il est certain que le père Epitalon n'y songea guère en s'en rendant propriétaire. Ce ne fut pas un roi ni un ministre, ce fut Madame Savy qui lui vendit la charmante villa et les domaines d'alentour.

M. Savy, mourant sans enfants, laissa à sa femme la jouissance du Maniquet, mais les héritiers impatients de jouir eux-mêmes vendirent

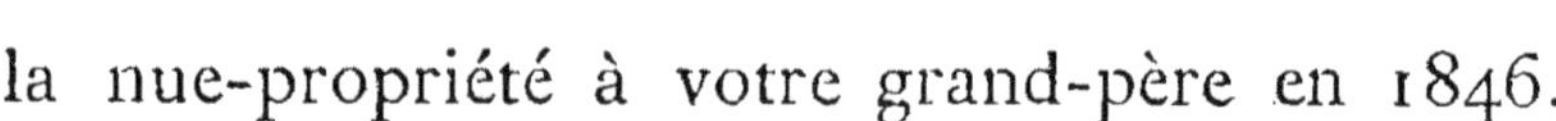

la nue-propriété à votre grand-père en 1846.

Quand Denis Epitalon raconta à sa femme le marché qu'il avait fait, elle le gronda, en partie double d'abord, de ce qu'il enfouissait là une grande somme d'argent fort utile à son commerce, mais surtout de ce qu'il avait acheté une telle propriété sans en acheter la jouissance.

Denis Epitalon comprit si bien cela, qu'il repartit le lendemain matin pour essayer de casser ou de modifier le contrat ; mais c'était trop tard.

Enfin, au bout d'un an de négociations, il fut enchanté que Mme Savy, au prix de cinquante mille francs, consentît à céder ses droits et à passer pour morte à ses yeux.

Ce n'était pas cher ; car la veuve douairière n'est morte, en réalité, que depuis deux ou trois ans.

Le premier soin du nouveau propriétaire fut de relever de fond en comble les cinq ou six vieilles fermes qui tombaient en ruines.

C'est pour fournir l'eau nécessaire aux constructions qu'il avait en vue que votre grand-père fit creuser l'immense pièce d'eau qui approvisionne aujourd'hui la maison.

Dès ce jour, les maçons et les ouvriers apprirent pour longtemps à connaître le chemin de Maniquet.

Les masures incommodes qui dataient sans doute du temps du *bon roy Henry* sont devenues des métairies aux vastes proportions, bâties pour des siècles.

Le Chalet et sa clôture ont été créés : l'ancienne habitation a été agrandie, et l'on peut

dire que cette série de travaux ne s'est terminée qu'hier par la bénédiction d'une Chapelle qui est un petit chef-d'œuvre d'art et de bon goût, digne couronnement de tout ce qui s'est fait.

Vous pensez peut-être que votre grand-père venait s'installer à la campagne pour conduire ses travaux et se décharger quelques jours du souci des affaires. Détrompez-vous. Il venait bien à Maniquet tous les jours de la semaine, mais il n'y habita jamais.

Il n'y coucha pas une seule fois dans sa vie.

Ce fut, si vous le voulez, une habitude singulière : ou plutôt, ce n'est pas un secret, ce fut l'effet d'une de ces résolutions admirables qu'il a eu l'énergie de tenir jusqu'au bout. Il s'était dit que s'il avait un lit à Maniquet, après y avoir

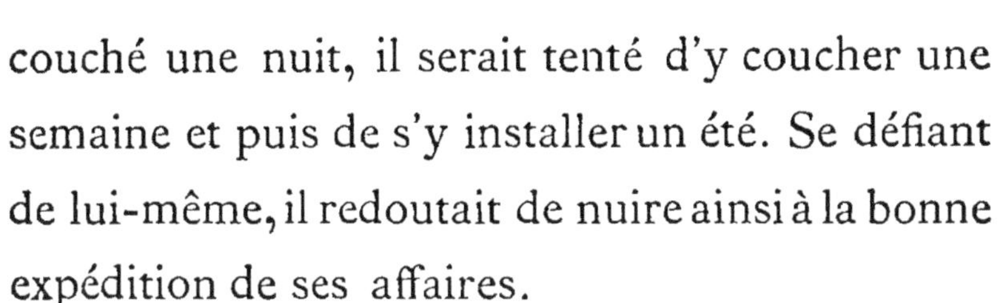

couché une nuit, il serait tenté d'y coucher une semaine et puis de s'y installer un été. Se défiant de lui-même, il redoutait de nuire ainsi à la bonne expédition de ses affaires.

Quand il fut retiré du commerce, il disait alors qu'il ne voulait pas gêner ses fils en habitant avec eux à la campagne ; il sentait aussi qu'il leur était utile en ville pour la garde du magasin pendant la nuit. Du reste, il n'aurait là-haut ni son église, ni ses pauvres, ni ses Petites Sœurs ; et toujours la conclusion était celle-ci : « Maniquet sera ma promenade et ma distraction de chaque jour, mais jamais ma demeure. »

Cependant les deux fils, après leur mariage, passaient ensemble une partie de l'été dans la villa de Maniquet, où du moins ils y venaient le soir et en repartaient le matin pour leurs affaires, laissant femmes et enfants au champêtre séjour ; mais l'unique habitation devenait insuffisante à mesure que la famille augmentait. Il fallut songer à se séparer, et de cette pensée naquit le Chalet en 1864.

Il a la forme du nom qu'il porte, mais il a la solidité d'une forteresse. Le père Epitalon n'aimait pas les choses légères et improvisées. Il faisait grandement ce qu'il entreprenait.

Votre oncle n'a rien négligé pour embellir sa nouvelle demeure et il y a réussi. Que ne peut-il aussi bien en exiler la souffrance !

Après la construction du Chalet, ce fut le tour de l'ancienne habitation.

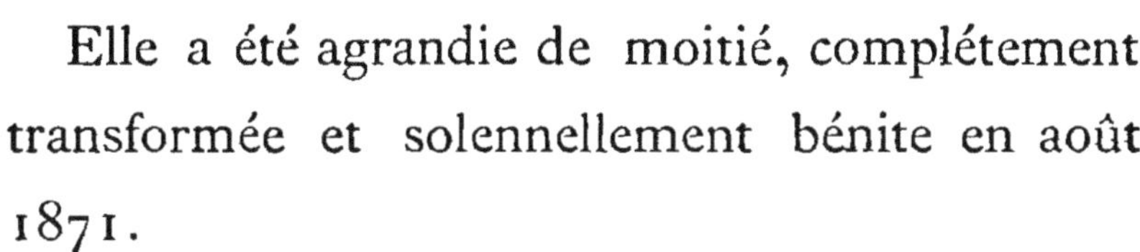

Elle a été agrandie de moitié, complétement transformée et solennellement bénite en août 1871.

Votre grand-père, tout en laissant ses deux fils s'arranger à peu près au gré de leurs désirs, n'en restait pas moins propriétaire et seul maître de toutes choses. Rien ne se faisait sans sa permission ni en dehors de sa direction.

Les architectes pouvaient s'en plaindre et d'autres en gémir ; il ne s'en émouvait pas et commandait aux uns et aux autres en souverain.

Oui, on peut le dire, Maniquet fut pendant plus de vingt ans la petite souveraineté du père Epitalon. C'était une souveraineté telle qu'on les dépeint au temps de l'âge d'or.

Le chef est un patriarche.

Les citoyens sont des bergers et des laboureurs qui cheminent en chantant le long des vallées et sur le penchant des collines.

Les arts et la religion ont un temple où ils fleurissent à l'envi.

Les glaives sont convertis en socs de charrue et les épées en faucilles, et néanmoins de pacifiques conquêtes ont été faites en 1867 sur la tribu Passerat et sont devenues aujourd'hui des colonies prospères aux mains de Cizeron et de Badinand.

Les Bruneaux ont résisté par la puissance de leurs tréfonds et n'en sont pas plus heureux.

Il n'y a dans cet empire ni remparts, ni prison, ni potence ; mais pourtant un grand'garde fait nuit et jour la police intérieure... Rassurez-vous... Sa mission est de protéger contre les coups du chasseur étranger les oiseaux qui chantent dans le bocage et les quadrupèdes qui hantent les terriers.

Ce charmant royaume, inconnu aux géographes et aux politiques, est borné au Nord par le ruisseau de Pinchenieux, à l'Est par le ruisseau des Cales, au Midi et à l'Ouest par des lignes de démarcation qui serpentent le long de la grand'route et des tribus voisines.

Il semble que la Providence s'est plu à embellir ce coin de terre. Elle lui a donné de larges horizons ouverts sur le Pilat et les Cévennes. Plus près de nous se dresse le pic de Saint-Priest dont le village rustique couronne le sommet. Villars, avec ses charbonniers, est assis mollement dans la vallée du Furens, et, par une échappée entre ces deux villages, le regard aperçoit les hautes cheminées qui, semblables à des torches fumantes, posées en sentinelle, avertissent au loin le voyageur qu'il approche de la grande cité. Le mamelon de Montaud la voile discrètement à nos yeux, mais la laisse deviner sans peine à notre imagination.

Rien n'est plus varié que le paysage d'alentour. Les accidents de terrains ressemblent aux mouvements capricieux d'une mer agitée. Des bois et des prairies surgissent tout-à-coup sur la croupe des collines ou se dérobent en fuyant dans les plis d'un vallon. Les champs de blé, les bouquets de pins, les rideaux d'arbres verts mélangeant leurs teintes variées apparaissent dans la pleine

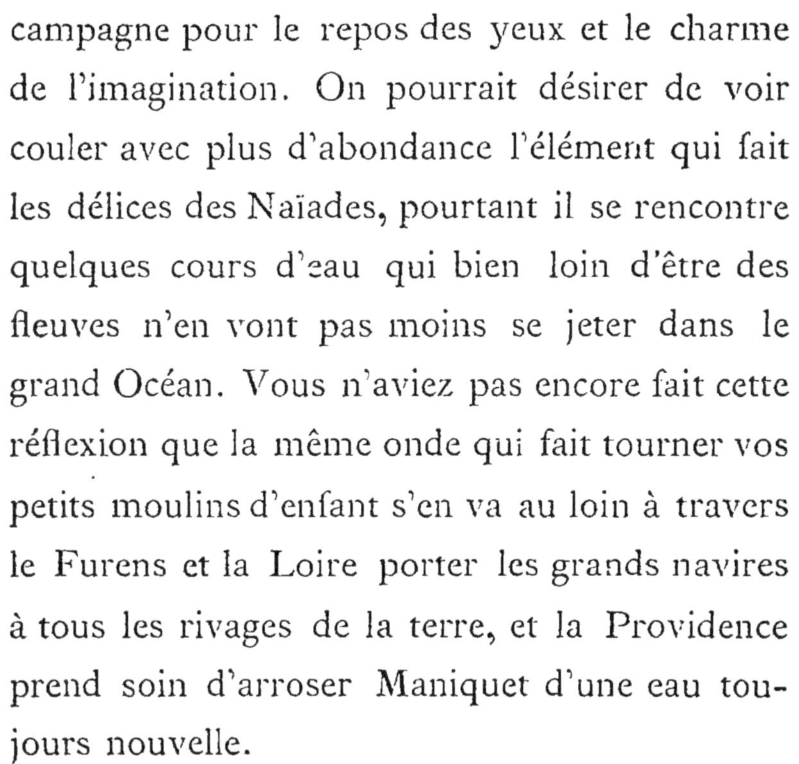

campagne pour le repos des yeux et le charme de l'imagination. On pourrait désirer de voir couler avec plus d'abondance l'élément qui fait les délices des Naïades, pourtant il se rencontre quelques cours d'eau qui bien loin d'être des fleuves n'en vont pas moins se jeter dans le grand Océan. Vous n'aviez pas encore fait cette réflexion que la même onde qui fait tourner vos petits moulins d'enfant s'en va au loin à travers le Furens et la Loire porter les grands navires à tous les rivages de la terre, et la Providence prend soin d'arroser Maniquet d'une eau toujours nouvelle.

Sur toute l'étendue de ce poétique territoire, Denis Epitalon était salué en père et en maître, c'est-à-dire en roi. Il arrivait là dans son modeste équipage vers trois heures de l'après-midi et recevait tout d'abord l'hommage de ses enfants et de ses petits-enfants. Vous n'oublierez jamais, je pense, le dialogue et la cérémonie qui précédaient chaque jour le baiser du grand-père. Ce sont de ces choses qui se transmettent de bouche en bouche bien mieux que par écrit.

Bientôt retentissaient les noms de Boutte ou de Marcelin. C'étaient ses premiers lieutenants pour l'entretien du jardin et l'exploitation de la réserve. Ils rendaient compte de ce qui était fait et de ce qui restait à faire. On inspectait les travaux de tout genre et les ordres étaient donnés pour le lendemain.

Si votre grand-père faisait valoir quelques fonds de réserve, ce n'était pas l'espoir du gain qui le poussait. Il savait très-bien ce que lui coûtait le plaisir de faire cultiver par lui-même ces quelques champs, mais il avait du moins la satisfaction d'ensemencer et de récolter pour les pauvres qu'il aimait. Il était heureux d'envoyer en ville, tantôt chez Marianne Matrat, tontôt chez les Petites Sœurs, ses chars de provisions : il en faisait des surprises.

Poursuivant sa tournée royale dans le rayon de ses domaines, notre patriarche visitait souvent ses heureux tributaires, et sans chercher à se mêler de leurs affaires causait familièrement avec eux de leurs travaux, de leurs espérances et de leurs familles.

Quand le soleil baissait à l'horizon, il reprenait le chemin de la ville, et de monarque redevenait sujet.

Pensez-vous que tout soit dit sur Maniquet et n'allez-vous pas me reprocher un impardonnable oubli ?

Non ; je ne l'ai pas oubliée, cette admirable chapelle que votre grand-père avait longtemps désirée et que nous avons vu bénir enfin en un jour d'impérissable souvenir pour votre famille.

En représentant votre grand-père sous les traits d'un roi imaginé en vue de poétiser la situation, je n'oubliais pas le Roi des rois qui réside réellement au centre de Maniquet dans le beau sanctuaire élevé par la piété de vos parents, mais je me réservais d'en parler en particulier afin d'en parler selon mon cœur.

Et d'abord, n'est-ce pas une idée heureuse d'avoir placé cette chapelle en première vue

avec une architecture qui la distingue de tout le reste et ne permet pas de lui donner un pendant ?

Elle apparaît, à toute personne qui approche de la maison, comme un monument spécial qui se lie à l'ensemble, mais qui ne ressemble en rien au reste de la maison. A l'arrivée, ce qui frappe tout d'abord, c'est la chapelle, ce qui s'impose aux regards, c'est la chapelle, et les plus indifférents sont pour ainsi dire forcés de se dire, en approchant de cette demeure, comme Jacob après la vision de l'échelle miraculeuse : « Ce lieu est vraiment saint, et je n'y pensais pas. »

Mais entrons dans l'intérieur.

Nous remarquons aussitôt que de belles statues en double rangée constituent la principale ornementation de la nef. Tout concourt à les faire ressortir. Les vitraux mêmes sont pâles et s'effacent à dessein devant elles. Ces statues entourées d'honneur, ce sont les saints patrons de la famille.

La nef est sobre de décoration ; les peintures sont sévères, les teintes grisâtres. C'est la place de l'homme qui prie et qui soupire ici-bas.

Le sanctuaire est au contraire splendidement décoré par l'or et par les draperies. Les tons de la peinture sont chauds et pénétrants. Un dôme majestueux s'élève au-dessus de l'autel, et toute lumière vient d'en haut. Ce n'est plus la froide demeure de l'homme, c'est le *Saint des Saints*, le trône du Dieu vivant.

Entre ces draperies, descend de la voûte la lampe du sanctuaire, portée par trois anges dorés. Idée pieuse et profonde à la fois ! La lampe, près du Tabernacle, c'est l'image de la prière et de l'adoration ; c'est l'âme de la famille qui veille au pied du Roi des rois. Ces anges qui la soutiennent vous représentent, chers enfants, et plus tard, lorsque vous reviendrez adorer dans cette chapelle le Dieu de votre enfance, vous vous souviendrez avec émotion, à la vue de cette lampe précieuse, que semblable à sa lumière offerte à Dieu par les anges, votre prière montait de vos jeunes cœurs jusqu'au Ciel.

Au-dessous des draperies, la table de communion produit un effet surprenant.

Ce n'est pas une simple barrière : c'est une

vraie table comme à la Cène; idée originale mais aussi simple que belle; de plus, c'est un chef-d'œuvre de sculpture qui s'harmonise très-bien avec l'autel au moyen de quelques filets d'or. On ne peut imaginer un sujet plus gracieux que celui qui est traité en relief au pied de cette sainte table. Autour de chaque support, se relient en touffes des épis de blé et des feuilles de vigne; au milieu, une tête d'ange, qui est l'image de votre frère Constant, représente à la table de famille les absents qui sont au Ciel; enfin, au centre de l'ouvrage, deux colombes, symbole de la pureté, se désaltèrent avec délices dans une coupe d'eau vive. Quelle suave invitation à nous approcher nous-mêmes de cette source qui jaillit jusqu'à la vie éternelle, pourvu que nos âmes soient pures, ainsi que l'ange et la colombe !

Cependant, quelque chose surpasse encore ce bel ouvrage de sculpture : c'est l'autel. Nous l'avons vu arriver en débris d'une sacristie de paroisse où il était au rebut, et, grâce à une restauration vraiment digne d'éloges, il est sans conteste le plus bel ornement de la chapelle et l'œuvre qui a le plus de cachet.

Le corps de l'autel a l'antique forme d'un tombeau, pour rappeler le temps où le Saint sacrifice de la messe était célébré sur le tombeau des martyrs [1]. Le devant est formé d'un cadre mo-

[1] Vous savez que, dans les catacombes, l'autel était le tombeau d'un martyr. Touchant rapprochement entre les deux victimes et puissant secours contre la persécution ! Cet usage

bile orné d'une riche broderie qu'on change suivant les fêtes. Cette variété dans le vêtement de l'autel a bien son charme, et cette harmonie avec les ornements du jour a sa raison d'être.

Toutefois, le tabernacle et le rétable sont la partie vraiment triomphante.

Trois statuettes décorent le tabernacle : celle du milieu représente la Foi ; un voile descend sur ses yeux et un calice est dans ses mains. A sa droite est l'Espérance, les mains fermement appuyées sur son ancre et la tête au vent. A sa

s'est conservé fort longtemps, et aujourd'hui encore toute pierre sacrée doit renfermer des cendres de saint ou de martyr. Vous ignorez peut-être pourquoi le prêtre baise souvent l'autel pendant la messe, c'est aux reliques des saints enfermées dans la pierre sacrée qu'il rend cet hommage de piété et de vénération.

gauche est la Charité tenant un cœur enflammé dans une attitude qui respire la piété et l'adoration.

Au-dessus du tabernacle repose la niche de l'exposition qui se termine par un petit dôme supporté par quatre anges d'une ravissante beauté.

De chaque côté se prolonge un magnifique rétable avec ses statuettes de saint Pierre et de saint Paul, ses colonnettes torses, ses balustrades dorées, ses têtes d'anges, ses langues de feu...

Toutes ces sculptures sont sur bois et dans des proportions si harmonieuses que c'est une merveille d'art et de bon goût.

Enfin, la statue du Sacré-Cœur, environnée

d'une douce lumière, apparaît au fond du sanctuaire et semble descendre des hauteurs du ciel sur un groupe de têtes d'anges qui émergent d'un nuage.

L'idée est facile à saisir.

C'est comme une apparition de Notre Seigneur à quiconque lève les yeux vers le sanctuaire. C'est Jésus qui présente son divin Cœur, non plus à Marguerite-Marie, mais à tout fidèle présent au saint lieu.

Ce petit monument, d'un style si gracieux et d'un symbolisme si pieux, est l'œuvre de M. Boisson.

Mais vous savez qu'un nom plus cher est attaché à cette œuvre : c'est celui de votre mère. Elle en a été vraiment l'âme et l'inspiratrice. Après de bien longs travaux, ses patients efforts ont été couronnés par l'auguste cérémonie du 16 juillet 1874 présente à votre mémoire.

Ce fut une belle fête.

Monseigneur de Charbonnel, évêque de Sosopolis, avait accepté de bénir le nouveau sanctuaire. A la fin de la messe, Monseigneur a trouvé dans son cœur des paroles éloquentes pour interpréter l'émotion et les sentiments de tous; et faisant revivre un instant le chef vénéré de votre maison, au milieu de ses enfants, le pontife a pu bénir cette famille dans ses quatre générations présentes à l'auguste cérémonie.

Mais je m'attarde dans des détails qui ne datent que d'hier et que vous connaissez bien.

Pardonnez-moi cette pieuse lenteur à travers un sujet favori.

Du reste, nous avons tant parlé des bienfaits de Dieu à l'égard de votre famille que j'étais heureux de constater en retour les généreux sacrifices que vos parents se sont imposés pour reconnaître les faveurs de la Providence et honorer dignement le Dieu qui daigne habiter parmi nous.

Maintenant, je n'ai plus rien à dire, sinon que vous devez vous préparer dès l'enfance à continuer un jour les belles traditions de foi et de piété dont vous recevez le magnifique exemple de vos parents.

Faut-il ajouter encore un mot qui est, dans mon cœur, un vœu et une prière ? Le voici :

Longtemps après vous avoir quittés, si Dieu me donne de parcourir une carrière, il me semble que je reviendrai quelque beau jour, du Nord ou du Midi, vous surprendre à la villa du Maniquet, puissé-je alors voir encore la pieuse lampe briller au sanctuaire ? puissé-je trouver le jardin rempli d'enfants joyeux, rencontrer autour de vous un cercle d'amis, revoir les grands parents pleins de jours et de santé, et tous ensemble, à l'ombre des tilleuls, nous causerons avec bonheur de tant d'heureux souvenirs.

X

LES PETITES SŒURS DES PAUVRES

Le 25 octobre 1856, trois Petites Sœurs des Pauvres arrivaient à Saint-Etienne appelées par le zèle de M. l'abbé Bravard, alors curé de Saint-Ennemond et aujourd'hui évêque de Coutances.

Le bon curé les reçut avec beaucoup d'égards; mais il les gardait au presbytère et ne se hâtait guère de les mettre à la besogne. Du reste rien n'était préparé pour commencer l'œuvre hospitalière des pauvres vieillards.

Après quinze jours d'attente, les Petites Sœurs voulurent à tout prix se mettre en état de remplir leur mission de charité, et malgré toutes les représentations de la sagesse humaine, elles prirent possession d'une petite maison basse, située en rue des Noyers, sur la paroisse de Saint-Ennemond. Cette maison n'avait absolument aucun mobilier. Un fermier voisin fut leur premier bienfaiteur. Il donna aux pauvres religieuses la paille sur laquelle elles couchèrent, dans un local à peine fermé, froid et humide, qu'on ne peut visiter aujourd'hui sans attendrissement.

Elles y dormirent néanmoins sous la garde de leurs bons anges et de la foi publique.

Le lendemain elles quêtèrent une marmite

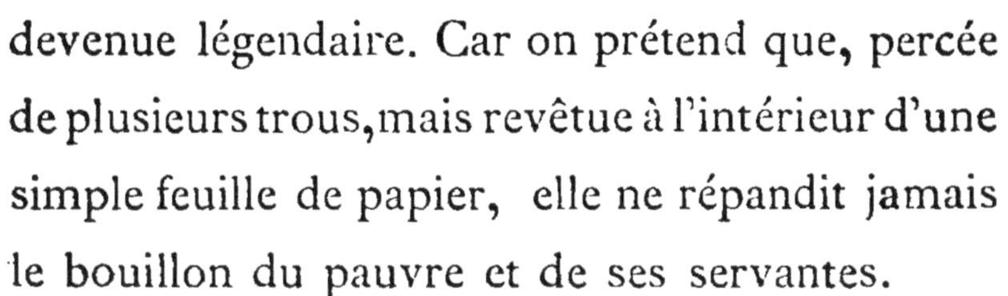

devenue légendaire. Car on prétend que, percée de plusieurs trous, mais revêtue à l'intérieur d'une simple feuille de papier, elle ne répandit jamais le bouillon du pauvre et de ses servantes.

Le général qui commandait alors à Saint-Etienne s'intéressa dès le début aux nouvelles religieuses, qu'il savait en détresse. Il leur envoyait du vin de sa cave, de la soupe et de la viande de la caserne, et les Petites Sœurs mangeaient assez souvent dans les gamelles des soldats.

On comprend tout ce qu'elles durent souffrir dans un tel dénûment.

Elles souffraient bien davantage par un autre côté de leur situation, car elles n'avaient point encore de pauvres : et chose plus grave, elles ne pouvaient pas même espérer d'en avoir encore, parce que la plus grande partie de leur maison était occupée par un locataire intraitable. Mais enfin, moyennant une somme d'argent, on parvint à se débarrasser de ce forgeron gênant et tracassier.

Dès lors, on peut loger à sa place quelques bonnes vieilles femmes, et l'œuvre est fondée.

Nous ne voulons pas dire que la période des héroïques privations qui accompagnent chaque fondation de ce genre fut sitôt terminée. Non, nous trouverons longtemps encore nos Petites Sœurs des Pauvres dans ce réduit malsain, couchant à terre sur des paillasses qu'on entassait dans un coin pendant le jour et donnant à leurs bonnes femmes les quelques lits offerts par la

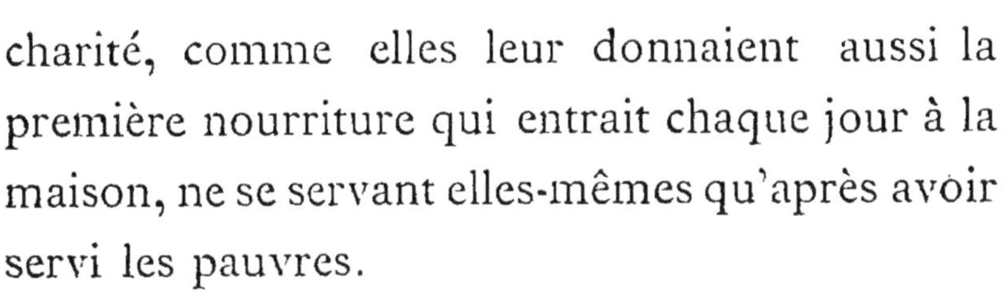

charité, comme elles leur donnaient aussi la première nourriture qui entrait chaque jour à la maison, ne se servant elles-mêmes qu'après avoir servi les pauvres.

C'est à cette époque que Mgr le cardinal de Bonald, de passage à Saint-Etienne, fut prié par les Petites Sœurs de bénir un petit oratoire où elles espéraient avoir la consolation d'adorer le Saint-Sacrement de l'autel. Monseigneur se rendit à cette invitation; mais quand il vit que les religieuses n'avaient point de lits pour elles, qu'elles étaient entassées jour et nuit dans un logis malsain, il refusa de bénir la chapelle, obligea les Petites Sœurs de se loger dans l'appartement réservé pour servir d'oratoire et donna l'ordre d'acheter à ses frais un lit pour chaque religieuse.

C'était se conduire en père.

Les religieuses étaient donc encore dans la période des grandes privations, mais du moins elles n'en étaient plus réduites à mendier pour leur propre compte : elles demandaient au nom des pauvres de Jésus-Christ, dont elles avaient le soin, et autour d'elles on commençait à comprendre leur œuvre.

Toutefois, Denis Epitalon n'y comprenait rien encore.

Lorsqu'elles se présentèrent pour la première fois chez celui que l'opinion publique désignait comme le plus grand bienfaiteur des pauvres dans la cité, elles n'eurent pas beaucoup à se féliciter de ses bonnes dispositions à leur égard.

Il leur fit une réponse assez singulière pour se débarrasser de leur visite.

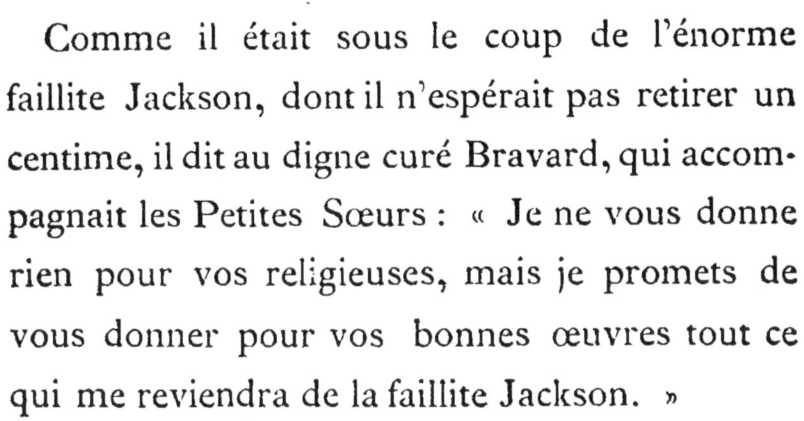

Comme il était sous le coup de l'énorme faillite Jackson, dont il n'espérait pas retirer un centime, il dit au digne curé Bravard, qui accompagnait les Petites Sœurs : « Je ne vous donne rien pour vos religieuses, mais je promets de vous donner pour vos bonnes œuvres tout ce qui me reviendra de la faillite Jackson. »

C'était une vague promesse dont le bon Dieu se chargea de tirer bon profit.

En effet, quelque temps après et sans s'y attendre, le père Epitalon retirait de cette faillite trente mille francs, et cette somme, suivie de beaucoup d'autres, aida beaucoup à construire le vaste établissement de la rue des Noyers.

Mais n'anticipons pas sur les événements et voyons en détail la transformation merveilleuse qui va s'accomplir dans l'âme de votre grand-père.

Les Petites Sœurs ne se rebutèrent pas après cette première visite infructueuse; elles revinrent auprès de l'ami des pauvres et l'invitèrent à vouloir bien au moins visiter leur œuvre naissante; mais elles n'obtinrent ni une souscription ni une visite.

Pourquoi ?

C'est qu'alors votre grand-père avait sur les ordres religieux en général et sur les religieuses en particulier des préjugés qui ne sont pas rares aujourd'hui, mais qu'on était vraiment étonné de trouver dans l'esprit d'un homme aussi intelligent et d'un aussi bon chrétien.

Il s'était imaginé qu'on entrait dans les com-

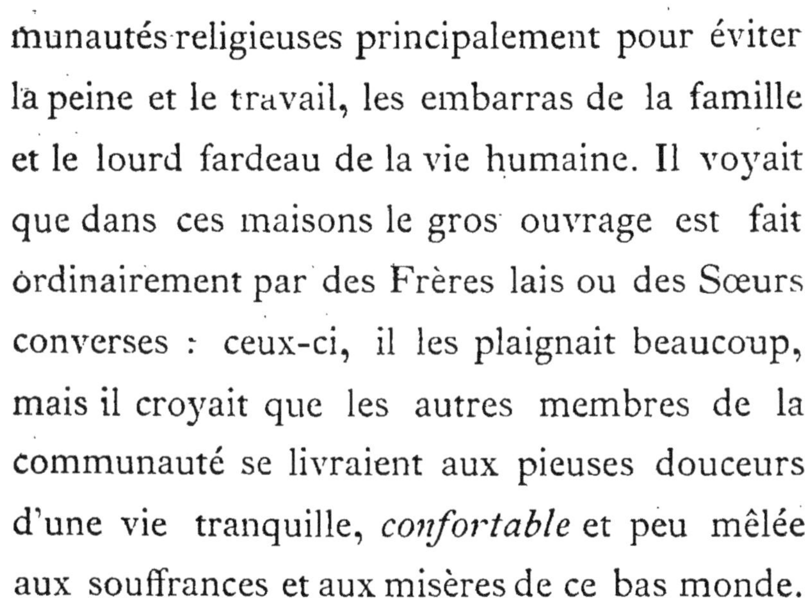

munautés religieuses principalement pour éviter la peine et le travail, les embarras de la famille et le lourd fardeau de la vie humaine. Il voyait que dans ces maisons le gros ouvrage est fait ordinairement par des Frères lais ou des Sœurs converses : ceux-ci, il les plaignait beaucoup, mais il croyait que les autres membres de la communauté se livraient aux pieuses douceurs d'une vie tranquille, *confortable* et peu mêlée aux souffrances et aux misères de ce bas monde.

En un mot, il pensait que ces nouvelles religieuses, qui parlaient de s'occuper des pauvres vieillards n'étaient que des *espèces de dames* qui dirigeraient de haut une maison de pauvres gens, feraient faire la besogne par d'autres et vivraient largement aux dépens des pieux donateurs.

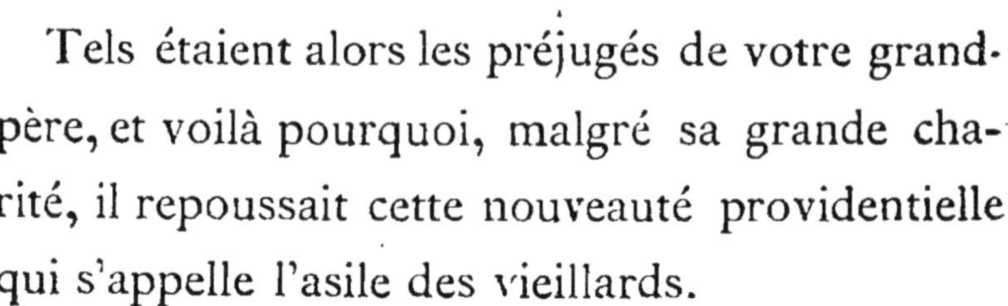

Tels étaient alors les préjugés de votre grand-père, et voilà pourquoi, malgré sa grande charité, il repoussait cette nouveauté providentielle qui s'appelle l'asile des vieillards.

Sur ces entrefaites, les Petites Sœurs revinrent à la charge, accompagnées de Mme Antoine Balaÿ; cette dame intrépide et zélée demanda bravement au père Epitalon pourquoi il ne visiterait pas les pauvres recueillis par les Petites Sœurs tout comme il visitait les pauvres du quartier de Panassa.

Il ne pouvait pas raisonnablement s'y refuser. Enfin, elle fit si bien qu'elle obtint tout à la fois la promesse d'une visite et une souscription de mille francs pour les premières constructions.

Quelques jours après, Denis Epitalon se

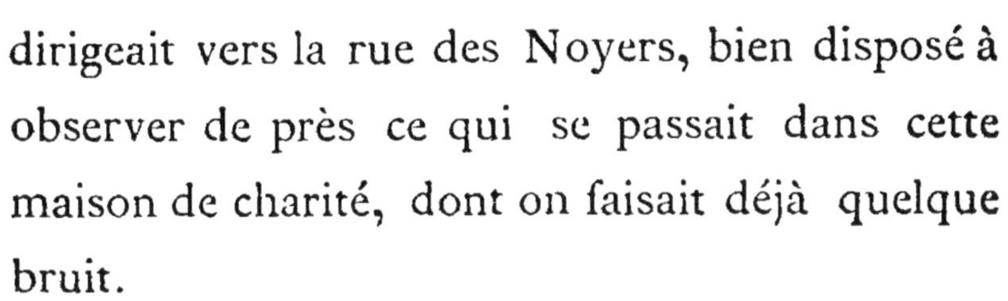

dirigeait vers la rue des Noyers, bien disposé à observer de près ce qui se passait dans cette maison de charité, dont on faisait déjà quelque bruit.

Il arrive et trouve la mère Marie-Augustine occupée à panser le doigt d'une bonne vieille femme; il en est surpris, mais il veut qu'elle n'interrompe pas son office charitable.

Après le pansement, la supérieure se penche vers la pauvre femme et l'embrasse comme une enfant aimée. Cela fit grande impression sur votre grand-père, et la charité lui apparut là sous des traits nouveaux et inconnus pour lui. Il savait qu'on *donnait* aux pauvres, il vient d'apprendre qu'on peut aussi les *aimer*.

Ce service affectueux à l'égard des pauvres

le frappait d'autant plus vivement qu'il avait lui-même une répugnance excessive à toucher un pauvre ou un malade.

Mais ce n'est pas fini.

Votre grand-père veut entrer dans tous les détails. Il faut que les Petites Sœurs lui expliquent où elles couchent et comment elles vivent. De voir que les pauvres vieillards couchaient dans de bons lits et les Petites Sœurs sur de misérables paillasses étendues à terre, d'apprendre que la première nourriture était pour les pauvres et le reste des restes pour les Petites Sœurs, ce fut encore pour lui une révélation inattendue et une large brêche faite aux préjugés.

De nouvelles visites confirmèrent ces premières impressions, modifièrent les idées pré-

conçues, et Denis Epitalon, qui se connaissait en matières d'œuvres charitables, arriva insensiblement au point de s'éprendre avec une sorte de passion de cette nouvelle forme simple, modeste, angélique, de la charité chrétienne à l'égard des êtres les plus dignes de compassion, parce qu'ils sont les plus délaissés du monde. Lui, qui avait fait l'aumône à tous les passants de la rue, à tous les malheureux de la cité, il comprit qu'il ne leur avait pas fait grand bien et qu'il y avait mieux à faire. Il avait peut-être facilité le crime tandis qu'il faudrait toujours faciliter la pratique de la vertu. Il n'hésite donc plus à donner une large part de ses aumônes à l'asile des vieillards.

Déjà l'établissement des Petites Sœurs commençait à grandir. La première partie de la façade était bâtie et occupée. Un vicaire de la paroisse de Saint-Ennemond, plein de zèle et de dévouement, M. l'abbé Montagnon, aujourd'hui curé de Sorbiers, voulait bien se faire aumônier assidu des pauvres vieillards. Enfin, tout était organisé, et en même temps tout restait à faire, parce que ce n'était pas un asile de 50, mais de 200 vieillards qu'il s'agissait de créer à Saint-Etienne.

Votre grand-père comprit que c'était un peu sa mission, et désormais, au lieu de donner seulement sa part à cette œuvre, il va se mettre résolûment en avant afin de pousser la charitable entreprise jusqu'à son complet développement.

Toutefois, il n'exécute pas à la légère cette importante résolution. Cet homme prudent et

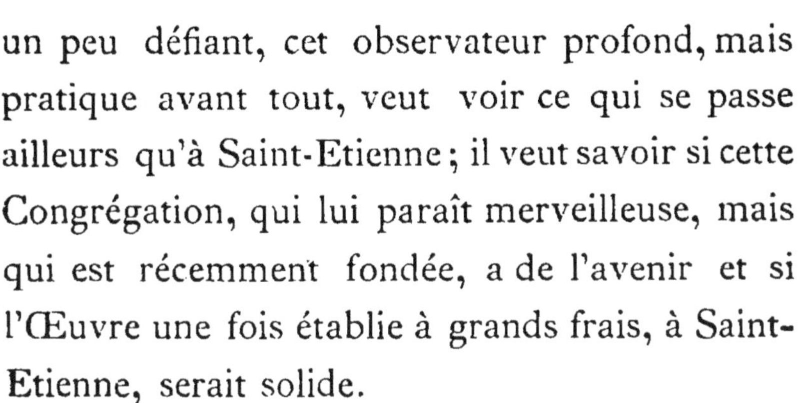

un peu défiant, cet observateur profond, mais pratique avant tout, veut voir ce qui se passe ailleurs qu'à Saint-Etienne ; il veut savoir si cette Congrégation, qui lui paraît merveilleuse, mais qui est récemment fondée, a de l'avenir et si l'Œuvre une fois établie à grands frais, à Saint-Etienne, serait solide.

Où va-t-il prendre ses renseignements ?

En Bretagne, au noviciat de Latour-Saint-Joseph (diocèse de Rennes). C'est au foyer, au cœur de l'Institut, qu'il va juger de sa vitalité[1].

Il prend avec lui un de ses fils et fait, en 1861, ce premier voyage qui fut suivi de plusieurs autres.

[1] Eh bien ! tandis que votre grand-père et votre père se promènent en Bretagne, il me semble à propos de vous dire, sous la forme d'épisode, quelle fut l'origine des Petites

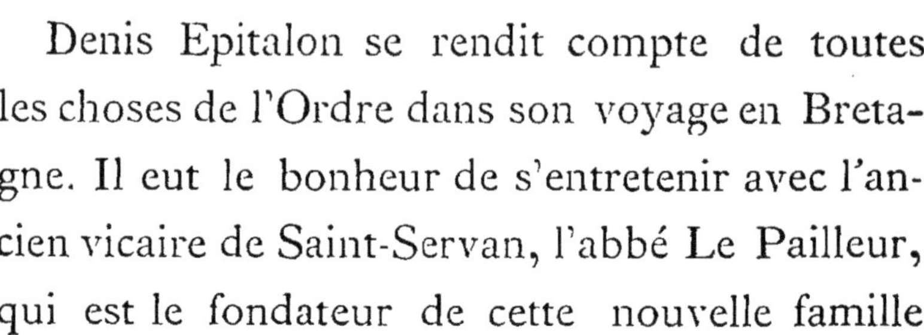
Denis Epitalon se rendit compte de toutes les choses de l'Ordre dans son voyage en Bretagne. Il eut le bonheur de s'entretenir avec l'ancien vicaire de Saint-Servan, l'abbé Le Pailleur, qui est le fondateur de cette nouvelle famille

Sœurs et quelle est leur place dans le monde. Je vous dirai ce qu'elles sont, non pas pour vous apprendre à les estimer, mais pour vous apprendre à les défendre, à l'occasion, contre ceux qui ne les connaissent pas et les attaquent dans leurs personnes ou dans leurs œuvres.

Ecoutez bien cette histoire :

Saint-Servan est une petite ville de Bretagne, située en face de Saint-Malo, sur le bord de l'océan.

La population des côtes exerce son industrie sur mer, et on attribue aux fureurs de cet élément, le grand nombre de vieilles femmes veuves et sans ressources qu'on rencontre dans ce pays.

Elles n'ont d'autres moyens d'existence que la mendicité et participent à tous les vices qu'elle enfante. Beaucoup d'entr'elles prennent l'aumône sans savoir que c'est Dieu qui

religieuse et qui la gouverne encore aujourd'hui. Il put voir aussi les principales supérieures qui forment la partie dirigeante de la Congrégation et les novices qui en sont la partie la mieux cultivée et la plus belle espérance.

la donne, hantent les portes des églises sans jamais y entrer, vivent et meurent dans une ignorance inouïe des choses du salut.

Le souci de ces pauvres âmes délaissées pressait le cœur d'un jeune prêtre, vicaire à Saint-Servan. Cette ville ne possédait pas d'hospice et le pauvre vicaire n'avait de vers lui aucune des ressources indispensables pour élever un établissement de ce genre ; mais il pouvait communiquer à certaines âmes la compassion dont il était touché.

C'est ce qu'il fit.

Deux ouvrières qui n'étaient que des enfants (l'une n'avait pas 18 ans et l'autre en avait à peine 16) lui parurent des instruments choisis par la Providence pour lui permettre de réaliser son dessein.

Il commence par les former à la vie religieuse avant de

Tout fut selon son gré et lui donna pleine confiance en l'avenir. Son estime pour l'Œuvre des Petites Sœurs grandit encore et cette estime ne demeura pas stérile.

L'établissement de Saint-Etienne n'avait pas

leur communiquer aucun projet. Cependant il avait mis dans leur règlement cette phrase significative : « Nous aimerons surtout à agir avec bonté envers les pauvres vieillards infirmes et malades. Nous ne leur refuserons pas nos soins quand l'occasion s'en présentera. »

Après deux ans d'épreuve, le directeur s'était ouvert un peu plus aux deux jeunes filles et leur avait recommandé de prendre soin d'une vieille aveugle de leur voisinage. Les enfants obéirent et employèrent tous leurs loisirs autour de cette pauvre infirme ; elles lui donnaient leurs économies, faisaient son ménage, la conduisaient à la messe le dimanche, s'en occupaient autant que le permettait leur condition d'ouvrières en lingerie.

Bientôt la Providence mit sur le chemin des deux jeunes filles une ancienne servante, Jeanne Jugan, qui embrassa encore de chapelle définitive. Denis Epitalon voulut se réserver l'honneur et la charge de la faire construire à ses dépens, et c'est à lui seul qu'on doit la grande et belle chapelle où se réunissent toutes les misères, toutes les infirmités,

avec ardeur les projets dont on l'entretint ; elle avait 48 ans, possédait environ six cents francs, et vivait avec une autre pieuse fille nommée Fanchon Aubert.

Celle-ci avait 60 ans, possédait un petit mobilier et des nippes en grande abondance.

Dans la mansarde qu'elle occupait avec Jeanne Jugan elle accueillit volontiers les deux jeunes filles, Marie-Thérèse et Marie-Augustine ; mais les jeunes filles n'entrèrent pas seules dans la mansarde, elles apportèrent sur leur bras la pauvre aveugle de 80 ans qu'on soignait depuis plusieurs mois. On se gêna pour faire place à une seconde bonne vieille, et la maison se trouva au complet.

Cela se passait en l'année 1840.

Pendant plusieurs années les choses restèrent en cet état ; mais au jour marqué par Dieu la petite œuvre, commencée si tous les dévouements, pour prier Dieu, le louer et le remercier sans cesse de ses bienfaits, sans cesse renouvelés.

En même temps, on se met à l'œuvre pour continuer la construction de la maison, on élève

humblement à Saint-Servan, va prendre tout à coup un essor inouï et devenir une des plus imposantes manifestations de la charité dans notre siècle.

Aujourd'hui, les Petites Sœurs sont au nombre de deux mille. Elles ont fondé 140 maisons hospitalières parfaitement organisées, dont la moindre n'aurait pu être montée par l'Etat à moins de plusieurs millions et dont le personnel *actif* ne coûte absolument rien ni à l'Etat, ni à personne.

Les Petites Sœurs recueillent ceux qui n'ont point d'amis, point d'enfants, point de forces, ou que leurs amis, leurs enfants et leurs forces abandonnent... Elles se font, à la lettre, les *filles* de ces abandonnés. Elles les logent, les nourrissent, les *aiment* et leur donnent ces soins jusqu'à la mort et jusqu'après la mort ; car elles croiraient n'avoir rien fait pour ces chers vieillards, si par la prière constante de la foi et

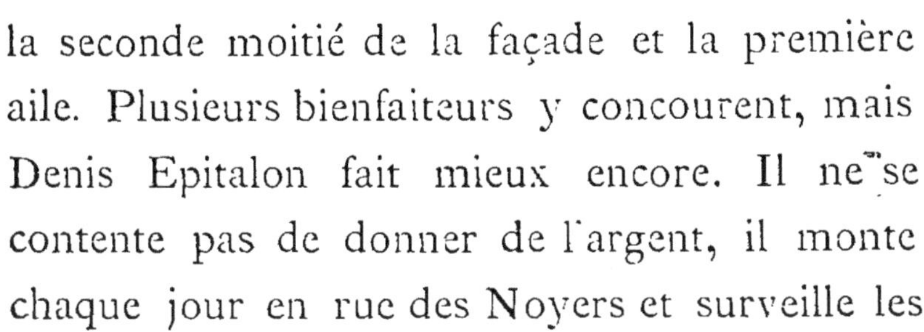
la seconde moitié de la façade et la première aile. Plusieurs bienfaiteurs y concourent, mais Denis Epitalon fait mieux encore. Il ne se contente pas de donner de l'argent, il monte chaque jour en rue des Noyers et surveille les

des œuvres, elles ne les suivaient pas par delà le tombeau.

Dans chacune de leurs maisons, un certain nombre de quêteuses partent tous les jours que Dieu fait, quel que soit le temps, et vont par la ville quérir le pain de la journée. Elles ont besoin de quêter, leurs clients les poussent de leurs dents longues, et de leurs membres nus ; d'honnêtes gens les appellent qui ont encore plus besoin de donner.

Ils sentent qu'ils s'ouvrent la porte du Ciel quand ils ouvrent à ce messager céleste la porte de leur maison. On lui donne des restes, de vieux vêtements, de vieux linges, de l'argent, on finit par donner du neuf.

La Petite Sœur distribue ses richesses et les restes des restes seront sa part.

Les Petites Sœurs font pour rien et avec allégresse un service public pour lequel le peuple anglais a été obligé de faire

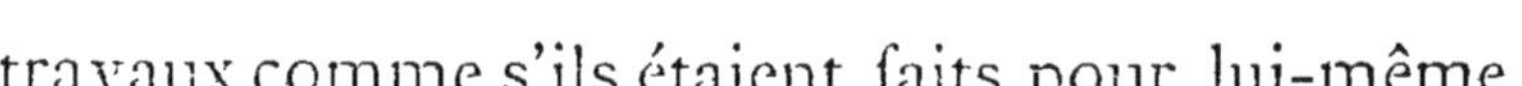

travaux comme s'ils étaient faits pour lui-même.

Il se produisit au sujet de ces nouvelles constructions un fait assez singulier.

On avait fait un plan général du futur établissement, mais on ne devait construire en ce

des lois et de fonder des impôts qui ne servent qu'à nourrir des employés et à étouffer des indigents dans les misérables workhouses.

Aussi, les Anglais se hâtent d'accaparer nos Petites Sœurs et auront bientôt chez eux une vingtaine de leurs établissements.

Elles ont cinq ou six maisons en Amérique, dix en Espagne et autant en Belgique ; partout on les appelle, partout on les reçoit avec reconnaissance. Elles font évidemment une bonne œuvre, une œuvre patriotique, humanitaire, mais elles font en même temps une œuvre religieuse, voilà pourquoi en France et ailleurs il ne manque pas de journalistes, de libres-penseurs, de municipaux, qui s'élèvent contre elles et ne veulent pas que les pauvres soient nourris par la religion ; cela les agace et les inquiète. La religion nourrit les

moment que la seconde partie de la façade et non pas l'aile ; c'était tout ce que les ressources permettaient de faire. Cependant, l'entrepreneur bâtissait les deux à la fois. Chacun s'en réjouissait en son particulier. La supérieure des Petites

pauvres de ses fonds et de ses mains. Elle fournit *pour rien* tous les agents de cet immense service. Elle a des Filles de la Charité, des Petites Sœurs et d'autres encore. Voilà qu'on voit naître en plusieurs lieux des garde-malades gratuites qui vont assister les pauvres à domicile. Nul doute que ces garde-malades gêneront beaucoup les enterreurs civils. Comme le dit très-bien M. Louis Veuillot, dont nous nous inspirons ici, on a bien le temps de guetter un pauvre diable et de voler son âme en fumant une pipe et en buvant une pinte au pied de son lit ; mais passer les nuits, faire le ménage, soigner les enfants, ce n'est pas une besogne d'homme ou de femme libre, et si une *faignante* de religieuse s'offre à faire tout cela sans qu'il en coûte un sou, quel moyen de luttes !

Les Petites Sœurs, qui ne datent que de trente ans, ont des

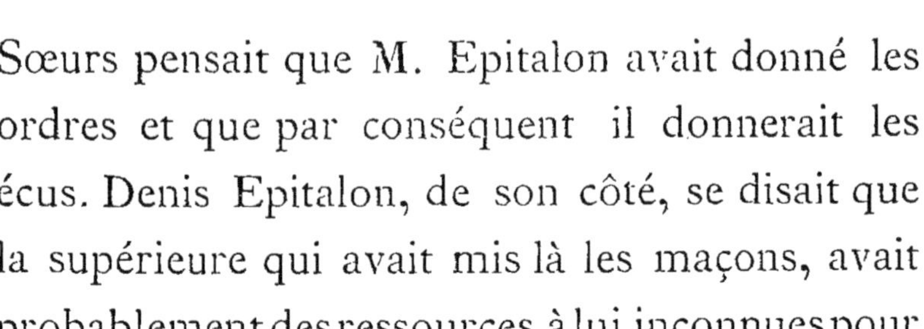

Sœurs pensait que M. Epitalon avait donné les ordres et que par conséquent il donnerait les écus. Denis Epitalon, de son côté, se disait que la supérieure qui avait mis là les maçons, avait probablement des ressources à lui inconnues pour

ancêtres qui datent de plusieurs siècles. Elles suivent la constitution monastique tracée par Saint Augustin. Ce lettré du cinquième siècle, ce professeur, ce délicat, est leur ancêtre ou plutôt leur père.

Elles sont parentes aussi de Saint Vincent-de-Paul, qui a découvert que le voile était une clôture et qui, sur cette idée hardie, a fondé les Filles de la Charité.

Enfin, le Souverain Pontife, par un décret du 9 juillet 1854, a approuvé cette nouvelle Congrégation, qui ajoute aux trois vœux ordinaires le vœu d'hospitalité.

Comme organisation, c'est une merveille accomplie. Les politiques en quête d'une constitution démocratique peuvent venir là tracer le plan d'une parfaite république. Chez les Petites Sœurs tout le monde travaille, surtout celles qui commandent ; tous les membres de la communauté sont

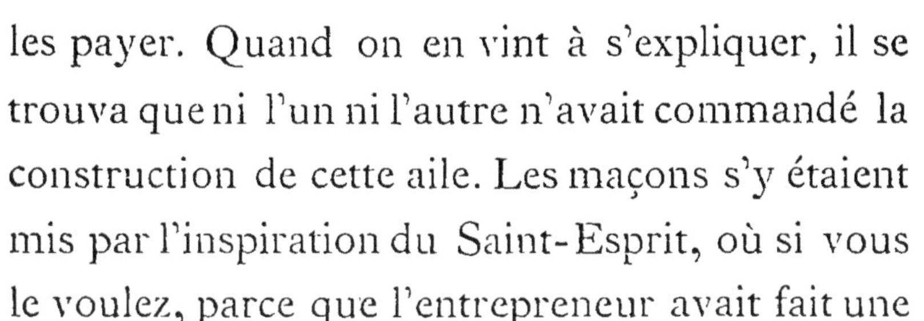

les payer. Quand on en vint à s'expliquer, il se trouva que ni l'un ni l'autre n'avait commandé la construction de cette aile. Les maçons s'y étaient mis par l'inspiration du Saint-Esprit, où si vous le voulez, parce que l'entrepreneur avait fait une

parfaitement égaux ; tous les emplois sont non-seulement électifs mais temporaires : les pouvoirs d'une supérieure sont de trois ans, et au bout de ce temps elle doit quitter la maison où elle les a exercés et descendre au rang de celles qui obéissent. Il n'y a jamais parmi elles de contestations, d'intrigues ni de révolutions. C'est le règne de la paix et de la joie, parce que c'est le règne de la vertu.

Voilà en quelques mots ce que sont les Petites Sœurs des Pauvres ! Que peut-on imaginer de plus beau, de plus aimable, de plus utile, de plus austère et de plus tendre ?

Cet Institut de vierges chrétiennes est éclos parmi les fanges et les poussières du temps présent, pour nous montrer que rien n'est perdu des glorieuses sèves des temps passés, que la France chrétienne vit toujours et donne toujours au monde ses généreuses moissons.

heureuse bévue et avait cru comprendre qu'il fallait tout construire à la fois.

Le côté prodigieux de la chose, c'est que le devis fait d'abord en vue de payer la façade seule a suffi, en fin de compte, pour payer et la façade et l'aile qu'on appelle à juste titre l'*Aile merveilleuse de Saint-Joseph*.

Mais sachez bien, mes enfants, que le principal mérite de votre grand-père et son plus beau titre d'honneur n'est pas d'avoir contribué largement aux constructions de l'asile des vieillards. Donner de son argent, c'est bien ; mais donner de sa personne c'est mieux.

Or, on peut dire, sans exagération, que votre grand-père, pendant les quinze dernières années de sa vie, a consacré au service des pauvres tout le temps qu'il ne consacrait pas au service de Dieu. Jusque dans ses moments de loisir et de distraction, il avait la préoccupation constante d'être utile aux malheureux.

Ainsi, on le voyait aller chaque jour à sa campagne de Maniquet et on pouvait penser qu'il y allait simplement pour se promener et se distraire.

Non, il y faisait travailler pour les pauvres. Il avait gardé parmi ses propriétés une ferme qu'il faisait valoir par lui-même et dont tous les produits, depuis l'herbe des champs jusqu'aux pommes de terre, s'en allaient régulièrement à la maison des vieillards ou au dépôt de Marianne Matrat.

Voici qui est beaucoup mieux encore : Deux

fois par semaine, le dimanche après vêpres et le jeudi soir, votre grand-père allait avec joie se mêler aux pauvres vieillards et passer au milieu d'eux ce qu'il appelait ses meilleurs moments. Il y a parmi eux d'anciens commerçants, d'anciens professeurs, des peintres, des musiciens, etc... C'est un petit monde à part. Denis Epitalon les connaissait tous. On racontait les vieilles histoires du temps passé, on causait joyeusement comme entre frères et amis.

Combien cette visite du bon vieillard relevait ces pauvres déshérités de la terre et abandonnés du monde. Qu'il leur faisait du bien par sa parole toujours gaie et piquante, mais profondément chrétienne, et par son bon exemple.

Chose plus admirable encore et plus tou-

chante ! Le jour de sa fête, c'est au milieu d'eux et à leur table qu'il voulait recevoir les vœux de ses enfants et de ses petits-enfants. Chaque année, le 9 octobre, fête de Saint-Denis, il y avait grande joie dans la maison des pauvres, parce qu'on y recevait le père Epitalon et sa famille.

Quoi de plus beau !

Que les hommes sans religion, qui parlent tant d'égalité et de fraternité, nous montrent de tels exemples parmi leurs amis !

Mais que dirons-nous des marchés devenus légendaires, où votre grand-père se faisait le fournisseur attitré de la maison des vieillards comme d'une seconde famille ? Il est presque fâcheux de toucher à ces souvenirs qui vivent entourés d'une auréole populaire.

On ne peut essayer de les décrire sans leur ôter beaucoup de ce charme, de ce pittoresque dont ils sont revêtus dans l'imagination de tous. Nous devons pourtant en conserver la mémoire pour l'édification de nos arrière-neveux, qui n'ont pas vu, comme nous, le riche vieillard faire sa noble tournée au profit de ses frères d'adoption, pauvres, vieux et infirmes.

Donc, chaque samedi et quelquefois aussi le mardi, le père Epitalon s'en allait au marché avec son chapeau aux larges ailes, un bâton rustique à la main et les poches munies de numéraire. Il savait ce qu'il avait à faire ; car la veille il avait eu soin de passer en revue l'état des provisions dans l'asile des vieillards.

A son arrivée sur la place Chavanelle, tout

ce peuple de paysans et de coquetiers saluait le père Epitalon et s'empressait autour de lui. Chacun offre sa marchandise en même temps qu'on échange quelques bons mots dans le patois de nos pères et les opérations commencent.

Denis Epitalon déploie dans ses achats tout l'art d'un vieux négociant. Il traverse le marché pour s'assurer des prix, écoute l'un, interroge l'autre, goutte le beurre de celui-ci et le fromage de celui-là, fait des compliments ou des reproches, lance à propos quelques plaisanteries ou quelques vérités, et puis, au moment favorable, il fait, tout en badinant, raffle de beurre et de fromage, paye son monde de ses deniers, fait emballer sa marchandise et l'envoie en rue de la Bourse, où passera tout à l'heure la carriole des

Petites Sœurs pour tout emporter à l'établissement de la rue des Noyers.

Tout d'abord, on ignorait que ces grandes provisions fussent pour les pauvres vieillards, et quand les femmes du marché demandaient à votre grand-père ce qu'il voulait faire de tant de beurre, il répondait : « C'est pour mes douleurs : on m'a dit que rien ne les adoucissait comme de prendre des bains de beurre frais, » et ces femmes scandalisées se regardaient en disant : « Mon Dieu, qu'on est heureux d'être riche et de pouvoir nager dans le beurre quand on a des douleurs. »

On finit bientôt par savoir la vérité : et dès lors votre grand-père fut reçu avec une vénération et une sympathie particulières par ces

braves gens de la campagne, qui voyaient en lui la personnification de la charité et la Providence des pauvres.

Cette tournée hebdomadaire, faite pendant quinze ans pour les approvisionnements d'une maison de charité aussi considérable, ne s'était jamais vue et ne se reverra probablement jamais.

Voilà une popularité bien méritée !

Il nous reste encore à traiter la partie la plus intéressante et la plus délicate de notre sujet, savoir :

Les rapports de Denis Epitalon avec les Petites Sœurs elles-mêmes. Il y a là des choses qu'il n'est pas donné à tout le monde de comprendre et qu'il serait superflu d'expliquer longuement.

Toutefois, nous ne craindrons pas de dire que les Petites Sœurs ont entouré la vieillesse du père Epitalon de beaucoup de joie, de tendresse et de douce poésie. Nous ne craindrons pas de dire qu'il a éprouvé dans ses relations avec elles les plus grandes et les plus nobles jouissances de sa vie. Ce n'est pas douteux. Quand on lui parlait des Petites Sœurs, son visage s'épanouissait et s'illuminait d'un rayon qui trahissait assez son intime satisfaction.

Et pourtant que se passait-il entre le bienfaiteur des pauvres et leurs servantes ? Rien que de simple, de charmant, de suave, de chrétien comme la vertu et la charité ! Elles le regardaient comme leur père et il agissait avec elles comme envers ses enfants.

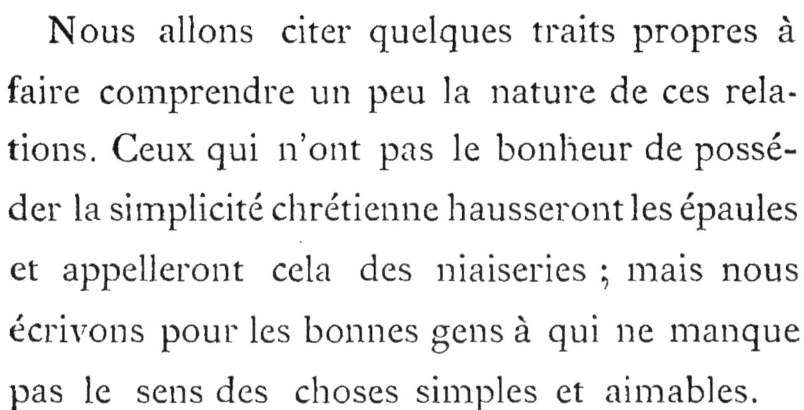

Nous allons citer quelques traits propres à faire comprendre un peu la nature de ces relations. Ceux qui n'ont pas le bonheur de posséder la simplicité chrétienne hausseront les épaules et appelleront cela des niaiseries ; mais nous écrivons pour les bonnes gens à qui ne manque pas le sens des choses simples et aimables.

Certains jours de fête, les Petites Sœurs ont la permission de parler à table.

Ces jours-là, votre grand-père se faisait un plaisir de préparer lui-même leur dîner. Son but était tout à la fois de les régaler, de les égayer et de les attraper. Il les régalait ordinairement par une forte salade de *gras double*, les égayait par quelque plat extravagant inventé pour la circonstance ; enfin il les attrapait tantôt d'une manière et tantôt d'une autre, mais on se souviendra longtemps des bonbons à la *coloquinte.*

Un autre jour de fête, votre grand-père voulut payer un dindon aux Petites Sœurs, à une condition, c'est que chacune d'elles irait tour à tour à la cuisine retourner le dindon dans la casserole en disant : « *Vive Mentrand !* »

C'était une allusion au fait qui est raconté dans un chapitre précédent et qui probablement venait de se passer.

Lorsqu'il rencontrait les Petites Sœurs allant à la quête, il leur donnait un sou ou deux; c'était, disait-il, pour leur porter bonheur, et, parfois il leur indiquait avec beaucoup d'à-propos les maisons où elles feraient bien de se présenter.

La bonne mère allait un jour acheter de la feuille pour garnir les paillasses. Denis Epitalon la rencontre et la presse tellement de lui dire où elle allait qu'elle finit par l'avouer. Il demanda qui payerait cette paille. Je compte sur saint Joseph, répondit la bonne mère. — Eh bien ! ce sera moi, et si l'on vous demande qui c'est, vous direz que c'est le cousin de saint Joseph.

Une autre fois que votre grand-père était sur la porte de l'établissement, les enfants se groupèrent autour de lui et lui demandèrent de leur acheter des cerises d'une marchande qui passait. Il le fit et les leur jeta. La Petite Sœur portière tendit aussi son tablier, il ne voulut point lui en donner; mais de retour chez lui il en garnit deux bâtons et les lui envoya.

Voilà de ces petits riens qui faisaient le charme de ces âmes simples et naïves.

C'était parfois sur un ton plus sérieux.

Ainsi, les Petites Sœurs désiraient beaucoup une petite tonnelle de jardin pour y prendre leurs récréations. Denis Epitalon la fit faire, mais il y attacha une prière de fondation. Chaque religieuse ou postulante qui y entre pour la première fois doit dire : « Mon Dieu, faites qu'Epitalon entre dans le Ciel comme j'entre dans cette tonnelle. »

Lorsqu'on cherchait à le remercier de quelque bienfait, il y coupait court immédiatement en disant : « Ne m'en parlez pas; priez seulement le bon Dieu pour qu'il m'accorde une bonne mort et me fasse miséricorde. »

Il n'intervenait jamais dans la direction de la maison, ni dans la désignation des pauvres à recevoir. Beaucoup de pauvres lui demandaient une recommandation et il la promettait, mais il était entendu d'avance avec la Bonne Mère que cette recommandation serait toujours considérée comme non avenue, à moins qu'elle ne fût appuyée d'une manière toute particulière.

Enfin, lorsqu'arrivait une postulante à la maison des Petites Sœurs, il lui demandait toujours si elle n'était ni gourmande, ni fainéante et surtout si elle était bien humble et bien obéissante, parce que, disait-il, pour être Petite Sœur il fallait ne pas être gourmande ni fainéante, et se regarder toujours comme la dernière de toutes.

On voit par là que ses vieilles idées sur le compte des religieuses s'étaient complétement modifiées.

C'est qu'en effet l'influence des Petites Sœurs au point de vue religieux fut très-grande sur le père Epitalon.

Par suite de son éducation un peu janséniste, il avait gardé durant sa vie un certain air de sévérité dans ses rapports avec le bon Dieu. D'autre part, c'était le contraire dans ses rapports avec les personnes qu'il avait l'habitude de voir autour de lui. Ainsi, il ne pouvait pas rencontrer une fille de magasin sans la plaisanter, la contrarier, lui parler de mariage, etc... C'était un besoin de sa nature, il était né Gaulois[1].

[1] Si Denis Epitalon se plaisait à contrarier ces jeunes personnes, il le faisait sans aucune mauvaise intention, car dès

Mais à force de voir la confiance et l'abandon des Petites Sœurs dans la divine Providence, à force de les entendre invoquer Dieu comme un père et parler des douceurs de la piété, des consolations de la religion, des pratiques de la bonne dévotion, Denis Epitalon entrait peu à peu dans ces mêmes pensées, dans ce langage, dans ces

qu'il y voyait le moindre danger, il n'hésitait pas à cesser.

Un fait nous le montrera clairement : Dans ses promenades à Maniquet, par compassion pour ces ouvrières, qui allaient en ville ou en revenaient chargées de lourds fardeaux, il aimait à les recevoir dans sa voiture et à les contrarier pendant le trajet. Mais un jour, il pense qu'il y avait danger pour lui en agissant ainsi. Alors, placé entre son désir de faire du bien à son prochain et la crainte de s'exposer au danger, il s'en ouvrit à son directeur, et sur son conseil, il sacrifia sa voiture pour en prendre une autre plus petite afin de pouvoir refuser raisonnablement de les admettre auprès de lui.

pratiques et dans une fréquentation de plus en plus suivie des sacrements.

Comme aussi la retenue et la modestie constante des Petites Sœurs firent sur lui une telle impression qu'il en garda pour ainsi dire l'empreinte et qu'il cessa de faire cette guerre inoffensive, mais joviale, aux filles du magasin. On sait aussi que dans ces causeries avec les Petites Sœurs il se perfectionna beaucoup dans la connaissance de la religion, rectifia ses jugements sur certains points et dissipa ses préjugés.

Enfin cette joie de sa vieillesse fut comme un doux soleil d'automne qui le mûrit pour le Ciel en embellissant le soir de sa vie.

Nous devrions nous arrêter là; mais il est des gens, nous le savons, qui font un reproche au père Epitalon d'avoir concentré tant d'aumônes entre les mains des Petites Sœurs.

Il convient de leur répondre.

Ceux-là auraient mieux aimé qu'il donnât davantage à la misère qui court les rues ou qui gémit dans les taudis et beaucoup moins à la pauvreté qui est pour ainsi dire religieusement cloîtrée autour d'une chapelle. Ils aiment les pauvres libres et indépendants et ne s'intéressent pas aux pauvres qui vivent en communauté.

C'est leur idée.

Hâtons-nous de dire que le père Epitalon depuis l'arrivée des Petites Sœurs ne diminua nullement la part des aumônes qu'il faisait en ville. Certaines filles du Tiers-Ordre, ses dispensatrices, pourraient en rendre témoignage. Ce qui changea, ce fut le budget de sa charité ! Vous le savez, avant sa retraite des affaires, il donnait aux pauvres la dîme de ses revenus. Après sa retraite, il résolut de ne plus augmenter sa fortune et de leur donner tous les revenus qu'il ne dépensait pas, et il dépensait fort peu. Cette résolution héroïque faisait une part assez large à toutes les catégories de pauvres dignes d'intérêt.

Toutefois, il est bien vrai que le père Epitalon donnait grandement aux Petites Sœurs et leur donnait avec bonheur.

C'était son idée.

Lui qui se livrait à la pratique de l'aumône depuis de longues années pouvait bien avoir son idée tout comme un autre.

Je crois même que son idée était bonne et

reposait peut-être sur un petit raisonnement.

Il avait dû se dire, le malin observateur :

Voilà 200 vieillards malheureux, qui, sans les Petites Sœurs seraient répandus dans notre ville en qualité d'indigents.

Il faudrait bien les nourrir.

Ils s'adresseraient au Bureau de bienfaisance, aux œuvres paroissiales et à la charité privée. J'en aurais ma part et les autres aussi.

Tantôt ces pauvres gens mourraient de faim, tantôt ils se livreraient à la débauche. C'est comme une alternative nécessaire de leur position. En somme, ils vivraient misérablement et nous leur donnerions l'aumône avec le vague pressentiment que nous sommes peut-être exploités, trompés, joués par eux, comme on l'est souvent par les pauvres de l'indépendance.

Eh bien ! supposez maintenant que ces 200 indigents soient recueillis chez les Petites Sœurs. Dès lors, la charité est faite à coup sûr ; plus de tromperies, plus de débauches, plus de faim, plus de froid, plus de misère. Ils sont doucement bercés dans la vie aisée et fièrement élevés à la vie chrétienne.

Mais en sont-ils devenus moins intéressants ?

Non, au contraire.

En sont-ils moins nos concitoyens et nos frères ? Et pourquoi ?

En sont-ils moins libres et indépendants ?

La porte par laquelle ils sont entrés est toujours ouverte à ceux qui voudraient se retirer.

Ce sont donc toujours nos pauvres, les pau-

vres de la cité, d'autant plus intéressants qu'ils ne relèvent d'aucune municipalité, ni commission civile, ni bureau officiel ; ils relèvent de la charité libre et privée et du dévouement de quelques saintes femmes.

On pourrait croire peut-être que c'est une œuvre de caste ou de priviléges ; ce serait une grande erreur.

Pour entrer dans l'asile des vieillards, aucune formalité n'est nécessaire, le pauvre n'a qu'à se présenter à la porte ; il est reçu immédiatement, s'il y a place. On ne lui demande pas s'il est juif ou protestant ou libre-penseur. Plus il est misérable au physique et au moral, plus il sera aimé et entouré.

Seulement il est fort exposé à se convertir.

C'est ce qui déplaît énormément à certaines gens. Je ne sais trop pourquoi.

Mais, si toutes les places sont prises quand un pauvre se présente, on l'inscrit, on le visite et on le prie d'attendre qu'un vide se fasse.

Il en est qui sont très-pressés de quitter le monde, où ils souffrent beaucoup et qui s'adressent à des protecteurs. Les protecteurs ne peuvent pas élargir les murs de la maison, mais ils cherchent un autre moyen.

On en cite un (c'est une demoiselle bien connue) qui donne beaucoup aux Petites Sœurs et qui ne pouvait parvenir à faire entrer dans l'asile un pauvre malheureux auquel elle s'intéressait. Les Petites Sœurs vont par hasard quêter chez elle vers cette époque et lui font comprendre

qu'elles auraient grand besoin d'un âne pour aider leurs vieillards à faire des terrassements dans la clôture.

Une idée lui vient.

Elle fait acheter un baudet, on hisse dessus le pauvre vieillard ajourné et l'on s'achemine ainsi vers la maison des Petites Sœurs.

Quand la porte fut ouverte, on déclara que l'équipage ne se démontait pas.

C'était à prendre ou à laisser.

En faveur de l'âne, on reçut le vieillard et l'on mit pour lui un pliant dans un coin du dortoir en attendant une place dans les rangs.

C'est ainsi que les choses se passent dans l'asile des vieillards.

En somme, il y a en ce moment dans notre

ville de Saint-Etienne 15 Petites Sœurs, qui ont à leur charge 212 de nos indigents. Elles leur donnent, outre les biens de l'âme, le logement, la nourriture, le vêtement et les soins de tout genre. Pour cette grande œuvre elles n'ont aucune fondation, aucun revenu fixe, et n'en auront jamais; c'est contraire à leurs règlements.

Il faut qu'elles s'en remettent complétement au soin de la Providence.

Tous les jours, la maison est ruinée deux fois; après le repas du matin, il ne reste rien pour le repas du soir; après le repas du soir, il ne reste rien pour le repas du lendemain.

Et cependant tout ce monde vit, tout ce monde est heureux, et cela se passe au milieu de nous, et chacun est invité à s'en rendre compte.

Tout Stéphanois qui réfléchira à ces choses ne pourra se défendre de respecter et d'estimer l'humble Petite Sœur qui passe dans nos rues ; il lui donnera avant qu'elle tende vers lui sa main timide et surtout il n'aura pas le triste courage de blâmer les généreux bienfaiteurs d'une institution qui donne *gratuitement* la joie et le bien-être, la grâce et le salut à un si grand nombre de nos malheureux concitoyens.

XI

PORTRAIT ET SOUVENIRS.

Je voudrais avant d'aborder le drame douloureux qui termine toute existence humaine, tracer de cet homme de bien un portrait qui le fasse revivre dans la mémoire de ceux qui l'ont connu et dans le cœur de ceux qui l'ont aimé. Nous serions heureux de conserver ainsi, non pas tant les traits de sa figure [1] que les traits de son âme,

[1] Malheureusement on n'a jamais pu obtenir que votre grand-père fit tirer sa photographie.

où réside la vraie beauté. Essayons donc de grouper tous nos souvenirs en un faisceau vivant qui reproduise ou du moins qui rappelle l'image de votre grand-père à ceux qui l'ont perdu. Ce leur sera une consolation de retrouver cette ombre de lui-même, quoique imparfaite.

Au physique, Denis Epitalon était grand de taille, bien découplé, portant une belle figure pâle et allongée sur un corps assez mince, mais fortement constitué.

Son visage, reflet de l'âme, était toujours serein et illuminé d'un rayon de gaîté; sa bouche toujours prête à dire à tout venant une bonne parole, tantôt plaisante, tantôt sérieuse, mais tombant à propos.

Il n'a connu aucune infirmité dans sa vieil-

lesse. Ses jambes seules devinrent un peu faibles dans les dernières années de sa vie.

Les habitudes sont, dit-on, une seconde nature ; à ce titre, elles ont place dans un portrait. Denis Epitalon a eu des habitudes dont on se souviendra longtemps dans la famille et dans la cité.

C'est lui qu'on voyait tous les matins dans la Grand'Eglise, à la messe de sept heures, occuper toujours la même place demeurée vide.

C'est lui qu'on voyait tous les soirs, sur les deux heures, se diriger vers Maniquet dans une humble voiture découverte, invariablement conduite par le même valet, toujours habillé de noir et couvert de son chapeau aux larges ailes.

C'est lui qu'on voyait chaque samedi faire sa

tournée mémorable à travers les places du marché, discutant les prix, faisant peser sa marchandise, la payant de ses deniers comme s'il eut été l'intendant ou plutôt le père des Petites Sœurs des Pauvres.

Tout Stéphanois connaissait cette vie régulière du père Epitalon. Vous devez vous souvenir de plusieurs autres habitudes plus intimes qu'il est inutile de signaler ici.

Mais lorsqu'on veut pénétrer plus avant que les formes du corps et les habitudes de la vie, on rencontre les traits de l'âme, c'est-à-dire cette physionomie particulière à chacun de nous, que Dieu a imprimée au fond de notre être en nous donnant la vie, et que nous développons plus tard dans le sens de la beauté ou de la laideur morales, au gré de notre liberté.

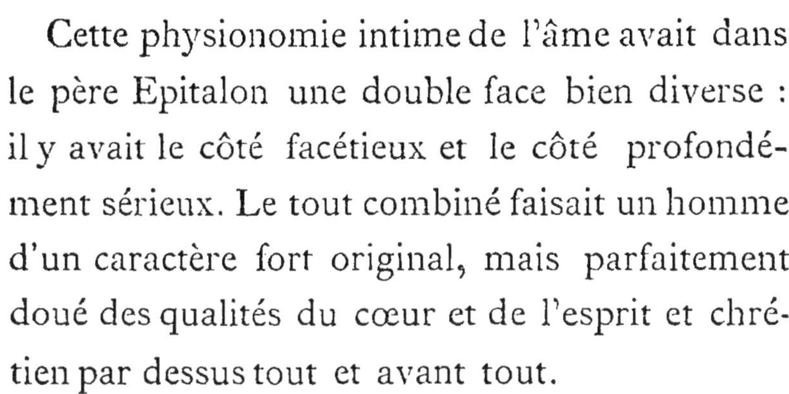

Cette physionomie intime de l'âme avait dans le père Epitalon une double face bien diverse : il y avait le côté facétieux et le côté profondément sérieux. Le tout combiné faisait un homme d'un caractère fort original, mais parfaitement doué des qualités du cœur et de l'esprit et chrétien par dessus tout et avant tout.

Il était d'un caractère original, c'est-à-dire qu'à une bonté de cœur sans égale, il unissait un amour persévérant pour la farce et la contradiction, et à une pointe de franche gaîté une grande énergie de volonté. Mais de ces unions bizarres il sortait souvent de l'inattendu. Il y avait des éclairs et des traits de lumière, des paroles tour à tour plaisantes et saisissantes, des réponses qui faisaient réfléchir et des conversations d'où l'on sortait toujours meilleur.

Comme aussi, l'énergie de volonté allait parfois jusqu'à l'entêtement, et l'habitude de la contradiction engendrait la contrariété ; de là des querelles, des obstinations et même des procès.

Malgré ce petit travers de caractère, Denis Epitalon n'avait pas d'ennemis ; on lui pardonnait tout, parce qu'on connaissait le fond de son cœur. On savait que ceux qu'il contrariait le plus étaient ceux qu'il aimait davantage. Il était homme à faire un procès à ses fils ; ce qui faillit arriver à son fils aîné, maire de l'Etrat, à propos de l'entretien d'un chemin plus ou moins communal. Vous n'ignorez pas aussi que c'est à André Barbe, son beau-frère et son meilleur ami, qu'il a fait ses plus mauvaises farces.

Un jour, votre grand-père, en passant sous

les fenêtres d'André Barbe, voit un char de charbon qui gisait dans la rue en attendant qu'il fût jeté dans la cave. Il était midi, heure à laquelle les filles de magasin débouchent de tous côtés et remplissent les carrefours de ce quartier. Votre grand-père les arrête et leur dit d'un accent désespéré : « J'ai du malheur, mon voiturier a brisé l'essieu de sa voiture et laissé mon charbon répandu dans la rue, que faire ?... Tenez, plutôt que d'avoir un procès j'aime mieux que vous m'emportiez ce charbon où vous voudrez, je vous le donne. » Aussitôt les ourdisseuses ouvrent leurs larges tabliers, se précipitent sur le tas de charbon, enlèvent et emportent d'abord le gros, puis le menu, si bien qu'il n'en resta bientôt plus.

André Barbe qui, de ses appartements, entendait un bruit confus, ouvre la fenêtre, et voyant cette dilapidation crie et se démène comme un possédé pour disputer aux dernières venues les restes épars de son charbon disparu.

Cependant Denis Epitalon jouissait d'un si beau succès et contemplait à distance cette scène parfaitement réussie qui présentait au même coup d'œil un tel bonheur et un tel désespoir.

Il y avait ensuite quelqu'acte de compensation envers le tendre beau-frère.

Dans une autre occasion, un de ses amis, qui aimait à faire argent de tout, se mit en tête de vendre un peu de foin fauché dans sa campagne. N'ayant pas d'attelage à sa disposition, il demanda celui du bon Denis en se gardant bien de

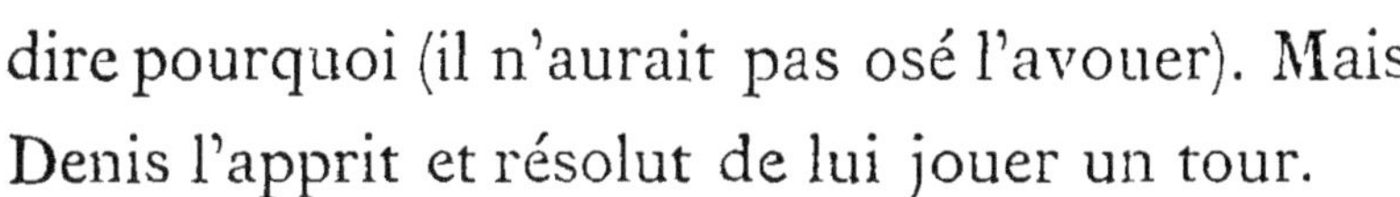

dire pourquoi (il n'aurait pas osé l'avouer). Mais Denis l'apprit et résolut de lui jouer un tour.

Il se poste à une extrémité de la place, et là donnant quelques pièces de vingt sous à quelques individus, il les envoie successivement marchander le foin de son ami. Mais avant de les envoyer, il leur apprenait leur leçon. Chacun d'eux devait commencer par vanter la qualité du foin et offrir ensuite un prix différent.

Le premier offrit un bon prix, un prix peut-être supérieur au cours, mais notre individu comme tous les vendeurs tenaces ne voulut pas céder à la première offre et demanda davantage ; on lui répondit qu'on repasserait. Cinq minutes après, un autre amateur se présente, tient le même discours et offre 50 centimes de moins que le premier.

Notre vendeur ne voulait pas perdre 50 centimes par 100 kilog. du prix qu'on venait de lui offrir : il refuse et attend le premier acheteur qui devait repasser. Au lieu du premier acheteur c'est un nouveau venu qui tient le même langage, mais qui offre encore 50 centimes de moins que le précédent et ainsi des autres en diminuant toujours de 50 centimes.

Le *pauvre* homme, furieux de se voir ainsi joué, ramena chez lui son foin et sa personne, et ne dit mot de cet étrange aventure. Mais quand les deux amis se rencontrèrent dans les fameux déjeuners de l'ancien café Escoffier [1], le secret

[1] Le café Escoffier était situé sur la place Royale et n'existe plus aujourd'hui. Votre grand-père y déjeunait tous les jours au chocolat, excepté le dimanche. Il rencontrait là ses

fut impossible à garder et on plaisanta longtemps sur ce chapitre.

Lorsque votre grand-père était plus jeune, vers l'époque de son mariage, il se divertissait à meilleur compte.

Il lui arriva plus d'une fois d'entrer furtivement dans la cuisine de ses sœurs ou belles-sœurs, d'enlever sans être aperçu le poulet où le gigot qui rôtissait dans le four et même la poêle où se préparait la friture, emportait chez lui à travers la rue le contenant et le contenu, puis il allait gravement demander à dîner à cette pauvre sœur qui se désolait, qui tempêtait, qui

vieux amis, causait d'affaires et faisait quelquefois la partie de cartes. C'était une vieille habitude des fabricants qui n'allaient pas au café pendant la journée.

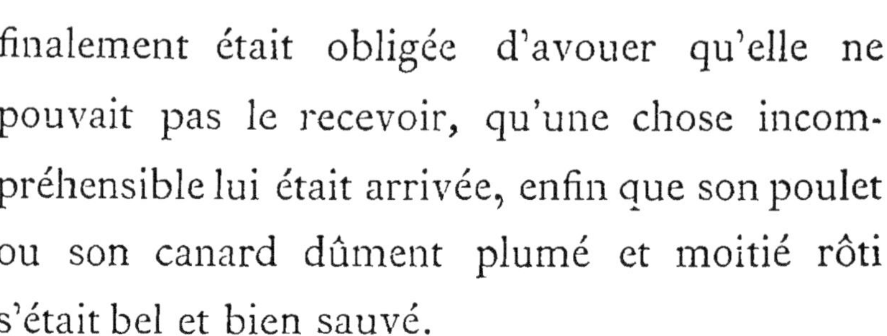

finalement était obligée d'avouer qu'elle ne pouvait pas le recevoir, qu'une chose incompréhensible lui était arrivée, enfin que son poulet ou son canard dûment plumé et moitié rôti s'était bel et bien sauvé.

Alors Denis, plein d'amabilité en présence de tant d'infortune, les invitait gracieusement à dîner chez lui et leur servait le susdit poulet voyageur où les pommes de terre frites avec le beurre des invités.

Là dessus, on s'expliquait, on riait, et tout finissait bien.

A ces quelques faits, chacun aura reconnu le caractère du père Epitalon ou du moins le côté facétieux de son caractère. Il m'a semblé que je ne pouvais pas écrire sa vie sans faire quelques

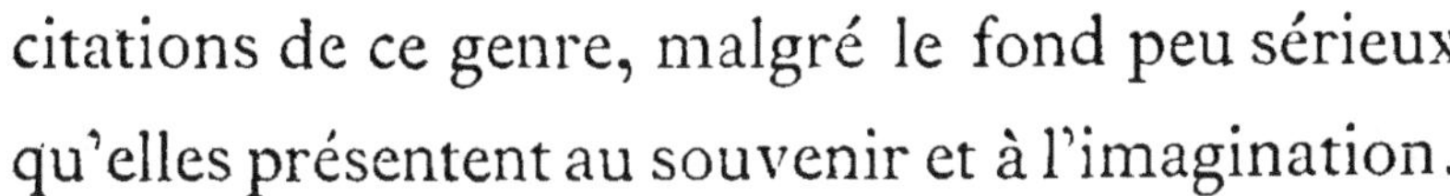

citations de ce genre, malgré le fond peu sérieux qu'elles présentent au souvenir et à l'imagination.

Heureusement, le portrait de votre grand-père n'est pas là tout entier.

En voici les plus nobles traits composés de l'ensemble de ses qualités et de ses vertus.

La bonté est la première qualité du cœur comme la charité est la première des vertus. L'homme de la charité est toujours l'homme de la bonté, car c'est la main qui donne, mais c'est le cœur qui pousse la main et c'est la grâce qui parle au cœur. N'est-ce pas dire assez que la bonté fut la qualité maîtresse de Denis Epitalon, puisque la charité fut certainement sa plus belle vertu.

Il étendait cette bonté paternelle sur tous les

malheureux, mais tout particulièrement sur ceux qui avaient un jour ou l'autre travaillé pour lui.

On sait un peu ce qu'il a fait pour les pauvres, on ne saura jamais ce qu'il a fait pour ses chers passementiers, qui n'étant pas précisément pauvres, venaient à lui dans un moment de gêne ou de malheur. Que de services il a rendus, que d'aumônes il a déguisées sous le titre d'avances ! Toute véritable infortune trouvait le chemin de son cœur, parce qu'il était naturellement bon et compatissant.

La simplicité, fille de la bonté, était aussi chez votre grand-père une qualité dominante. La fortune ne l'avait pas enflé. Il conserva jusqu'à la fin de sa vie une extrême simplicité en toutes choses : dans ses goûts, dans son extérieur, dans son langage et jusque dans ses vêtements.

Ainsi, il n'avait jamais que deux habillements à sa disposition : l'un sur lui et l'autre dans sa garde-robe. Au temps de Pâques, un habit neuf arrivait à la maison et le plus râpé s'en allait chez les pauvres. Ils étaient, du reste, invariablement de couleur noire, de même forme et de même étoffe.

Simple et bon, tel il se montra toujours envers tout le monde, mais surtout dans ses rapports avec ses ouvriers, ses employés, ses domestiques et les pauvres gens qui avaient besoin de ses services ou de son aumône.

Cependant, ceux qui ne vanteraient que les qualités de son cœur, ne le connaîtraient pas bien ; car les dons de l'esprit lui avaient été magnifiquement départis.

Sans parler de sa rare intelligence pour les affaires, qui de nous n'avait été frappé des conceptions fécondes de son esprit et des ressources remarquables de sa conversation toujours vive et enjouée, semée de saillies pleines d'à-propos et de justesse ! Il causait sans recherche, sans effort, avec une spirituelle bonhomie, mais c'était une parole qui laissait trace dans les âmes ; on l'écoutait avec plaisir, avec sympathie et on ne l'oubliait pas.

Sans doute, la culture intellectuelle avait un peu manqué à ces germes puissants, qui, bien dirigés, auraient pu atteindre une grande hauteur dans leur développement. Nous devons le regret-

ter à cause du plus grand bien qui en serait peut-être résulté; mais votre grand-père n'en reste pas moins l'homme d'un jugement droit, d'un bon sens exquis et d'une intelligence peu ordinaire.

Nous ne reparlerons pas de sa bonne économie, de son travail assidu et de sa parfaite loyauté, qui n'excluait pas une certaine finesse. Tout le monde sait qu'il a assis les fondements de sa maison sur le travail et l'épargne et sur la réputation d'une loyauté à toute épreuve.

Hâtons-nous d'ajouter que les vertus surnaturelles du chrétien, greffées par le baptême sur cette riche nature d'homme, se développèrent magnifiquement sur leur tige et portèrent des fruits dignes de l'admiration des hommes et de la récompense promise en l'autre vie.

Il n'y a qu'une expression pour qualifier votre grand-père au point de vue religieux. Ce fut un *rude* chrétien, un chrétien *avant tout*. Il était de la race de ceux qui ne rougissent pas de servir Dieu et qui ne se ménagent pas à son service.

Au temps de la Terreur, n'avait-il pas été porté dans les bras de son père et de sa mère au milieu de ces assemblées de vrais catholiques où l'on s'exposait à la mort pour adorer Jésus-Christ dans la vérité de sa doctrine et dans l'unité de son Eglise ?

Il semble qu'il lui resta toujours quelque chose de cette initiation austère, suivie d'une éducation faite d'après les principes les plus rigoureux du christianisme.

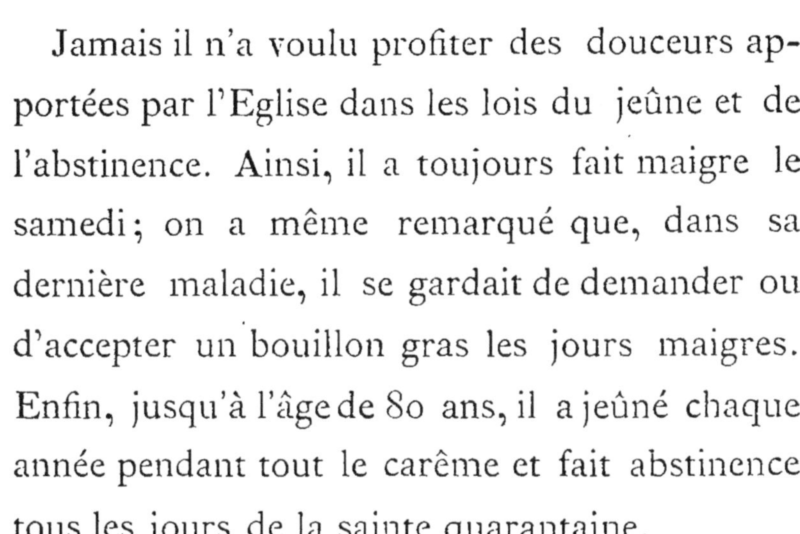

Jamais il n'a voulu profiter des douceurs apportées par l'Eglise dans les lois du jeûne et de l'abstinence. Ainsi, il a toujours fait maigre le samedi ; on a même remarqué que, dans sa dernière maladie, il se gardait de demander ou d'accepter un bouillon gras les jours maigres. Enfin, jusqu'à l'âge de 80 ans, il a jeûné chaque année pendant tout le carême et fait abstinence tous les jours de la sainte quarantaine.

Mais ce qui est plus admirable que sa pénitence, c'est son humilité, humilité sincère qui se reconnaît bien vite aux paroles et aux actes.

Quand on lui parlait de la prospérité de son commerce, il ne manquait pas d'en renvoyer tout l'honneur à Dieu et à sa femme, disant que cela s'était fait sans lui. Quand on essayait de le féliciter de ses aumônes, il répondait toujours : « Dieu seul peut savoir si j'en fais seulement autant que je dois en faire. »

Il y aurait même de charmantes scènes de ménage à raconter sur ce sujet.

On prétend que votre grand'mère aurait voulu que son mari, devenu riche, quittât un peu ses anciennes habitudes d'un temps moins heureux. Elle lui disait entre autres choses : « Denis, quand nous recevons des acheteurs ou des Messieurs de qualité, ne parle pas patois devant eux aux ouvriers qui se présentent, c'est d'un mauvais genre : parle toujours français, je t'en prie. »

Mais Denis, qui était au-dessus de ces petites considérations, répondait plaisamment à sa chère épouse. « *Tzi as dounc essoubla, Jeanne-*

Marîe, que ji souais sortzi de vais chïe Mentrand, de Tarentaize, et que, quand tzi ères effant, tzi allâves vondre à pïeds déchœïids te salades sûr la plâci? »

Voilà l'humilité en action. Ils sont rares les hommes parvenus à la fortune, qui, dans leur élévation, ne craignent pas de rappeler tout haut le souvenir de leur vulgaire origine. Ce n'est pas la nature, mais la grâce d'En Haut qui entretient dans le cœur de tels sentiments de soi-même.

Il est inutile de revenir sur son esprit de foi, qui éclate, vous le savez, dans toute la suite de sa vie, et sur son admirable charité qui compose le fond même de cette histoire. Il suffit de rappeler ses longues prières de chaque jour, sa fréquentation assidue des offices de l'Eglise et des sacrements, la dîme prélevée sur ses bénéfices, le budget des pauvres fait d'avance et enfin la magnifique résolution de ne plus *augmenter sa fortune et de donner tous ses revenus.*

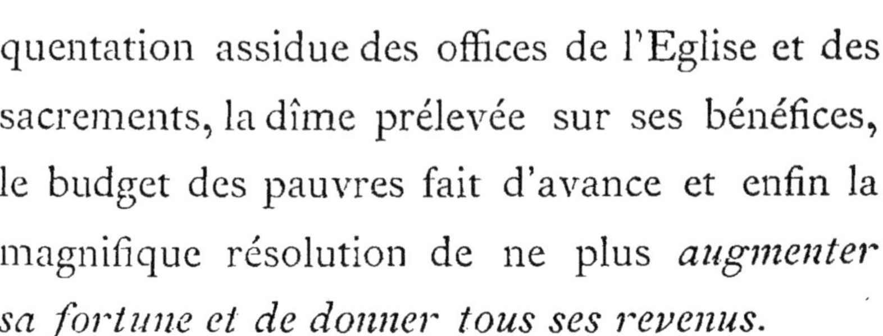

Cette pénitence, cette humilité, ce dépouillement volontaire, n'est-ce pas la vie d'un chrétien primitif, d'un chrétien qui place au premier rang dans son cœur et bien au-dessus de tout le reste le service de Dieu et le salut de son âme.

Toutefois, Denis Epitalon avait sa manière à lui de comprendre la vie chrétienne et ne ressemblait pas à tout le monde même sous ce rapport.

Il allait droit à Dieu, droit à la paroisse, droit à l'Evangile. Rencontrant à chaque page de ce livre divin le précepte de la charité envers les

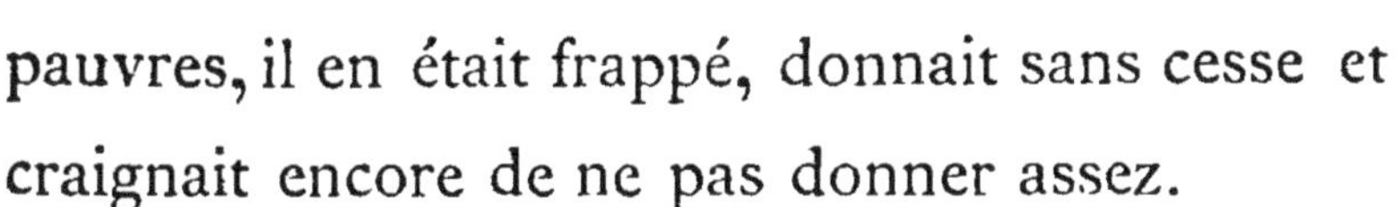

pauvres, il en était frappé, donnait sans cesse et craignait encore de ne pas donner assez.

Mais il ne fallait pas lui parler des œuvres nouvelles qui s'épanouissent dans la vie de l'Eglise selon le besoin des temps.

L'Œuvre de la Propagation de la Foi, les Œuvres ouvrières et autres semblables ne recevaient pas souvent sa riche aumône. Il ne les avait pas connues dans son enfance, il ne les rencontrait pas explicitement dans son Evangile ; voilà pourquoi il ne les appréciait peut-être pas à leur valeur et laissait à ses fils le soin de les comprendre et de les protéger. On sait assez qu'ils n'ont pas manqué à cette belle mission.

Denis Epitalon, l'homme de l'Evangile et de la charité, était aussi l'homme de la paroisse et ne fréquentait guère les chapelles particulières ni les églises voisines. Tous les matins et tous les soirs on le voyait arriver à la même heure et occuper la même place dans la Grand'Eglise, sa paroisse.

De plus, il lui fallait chaque dimanche la grave mélodie du plain-chant et les belles cérémonies d'une grand'messe. On assure qu'il alla plusieurs fois à Lyon dans la chapelle de l'ancien séminaire pour se procurer l'incomparable jouissance d'assister à une messe parfaitement chantée par 300 jeunes lévites.

Avec la dévotion de la grand'messe, votre grand-père avait la dévotion du chapelet, surtout depuis que sa retraite des affaires lui laissait des loisirs. On avait remarqué que dans sa voiture

et pendant ses promenades à Maniquet il tournait sans cesse un mètre dant ses mains, mais on ne savait pas pourquoi. Votre sœur Jeanne en comprit un jour la raison : ce mètre se repliait en cinq parties, et chaque partie portait dix entailles profondes à la distance de deux centimètres les unes des autres; c'était le chapelet de votre grand-père; c'était du moins celui dont il se servait dans les champs ou en compagnie de son cocher. (On le conserve religieusement.) Mais comme on lui fit observer qu'avec un vrai chapelet il aurait l'avantage de gagner les indulgences accordées par l'Eglise, il finit par s'en servir sans respect humain en tous temps et en tous lieux.

Faut-il enfin, en ce temps de pieux pèlerinages

et de fièvre politique, rechercher quelle fut la pensée et la conduite de votre grand-père à ce double point de vue ?

Il ne fut pas homme politique, mais il fut pèlerin. Chaque année, le 14 septembre, il allait au pèlerinage de Notre-Dame-de-Pitié à Saint-Genest-Lerpt. On prétend qu'il n'y manqua jamais. Une année, il avait conduit avec lui un de ses fils, âgé de 18 ans, et voici ce qui arriva : Le père et le fils marchaient dans les rangs d'une longue procession de pèlerins ; mais le jeune homme paraissait moins préoccupé d'invoquer Notre-Dame-de-Pitié que de regarder le défilé assez étrange de cette foule bigarrée. Tout-à-coup, le père Epitalon l'interpelle à haute voix et lui dit : « ..... Es-tu venu ici pour dire ton chapelet ou pour regarder les filles ? » Tableau.

Quant à la politique, M. Epitalon ne s'en est jamais occupé, non plus que de l'administration civile. Il s'est fait homme recommandable et homme populaire en dehors de toute fonction publique par la seule puissance de ses qualités et de ses vertus. Je ne pense pas que ce soit de sa part indifférence pour les affaires du pays ou de la cité, je croirais plutôt qu'il n'avait nulle ambition pour les honneurs et que l'incomplet de son instruction classique le rendait à tort beaucoup trop défiant de lui-même.

Voilà, chers enfants, les principaux traits de la physionomie de votre grand-père.

Pour vous, qui avez reçu de lui et le sang de vos veines et les traits de votre visage et le bénéfice d'une honorable position dans le monde, puissiez-vous en recevoir aussi l'exemple traditionnel de la vertu et de la bienfaisance et former la physionomie de votre âme sur le modèle de la sienne !

Et maintenant, recevez encore de lui une dernière leçon, celle d'une bonne mort.

XII

DERNIÈRE MALADIE

Les derniers jours et les dernières paroles d'un père doivent se conserver à jamais dans le souvenir de ses enfants comme s'ils étaient le mémorial de la vie tout entière.

Ces derniers jours sont venus pour votre grand-père, c'est pour vous le moment d'être attentifs aux moindres circonstances qui les accompagnent.

Au commencement de décembre 1873, avait lieu à la Grand'Eglise une retraite prêchée pour les hommes seuls et préparatoire à la fête de l'Immaculée-Conception.

Denis Epitalon assista plusieurs jours au sermon du soir, mais ce n'était pas sans fatigue. Par malheur, il avait été surpris, la semaine précédente, par une grosse pluie d'orage en revenant de la bénédiction du jeudi, et depuis ce jour l'oppression dont il souffrait déjà, sans interrompre pour cela ses courses imprudentes en voiture découverte, le gagnait de plus en plus.

Aussi, pendant cette retraite, il allait à l'église d'un pas tout-à-fait lent. Son fils Jean-Marie revenait ordinairement avec lui ; mais le père, sentant ses forces diminuer et sa poitrine haletante, disait à son fils : « Laisse-moi, je vais trop lentement pour toi, je préfère être seul. » Le fils allait plus lentement encore et ne quittait pas son père.

Cependant, votre grand-père ne put pas suivre jusqu'à la fin les exercices de la retraite. Elle se terminait le lundi, fête de l'Immaculée-Conception. Il se mit au lit le samedi.

Une maladie est toujours grave chez un vieillard. Pour n'être pas surpris, on fit avertir M. l'abbé Collard, curé de Saint-Ennemond, son confesseur. Celui-ci vint le voir dans la soirée du dimanche et ne le trouva pas en danger. Il allait repartir lorsqu'on fit remarquer à M. Epitalon que le lendemain était la fête de la Vierge imma-

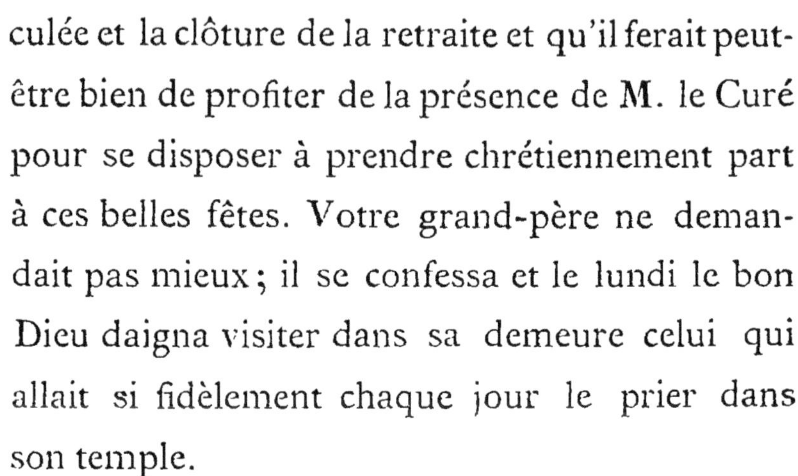

culée et la clôture de la retraite et qu'il ferait peut-être bien de profiter de la présence de M. le Curé pour se disposer à prendre chrétiennement part à ces belles fêtes. Votre grand-père ne demandait pas mieux; il se confessa et le lundi le bon Dieu daigna visiter dans sa demeure celui qui allait si fidèlement chaque jour le prier dans son temple.

M. Epitalon voulut se lever, revêtir ses habits de fête et se préparer avec soin à bien recevoir la visite de son divin Maître.

A sept heures tout était prêt, et M. Epalle, vicaire de la paroisse, apportait au vieillard affaibli le pain de la vie éternelle.

Il sembla que cette visite du bon Dieu avait été salutaire au malade; il alla bientôt de mieux

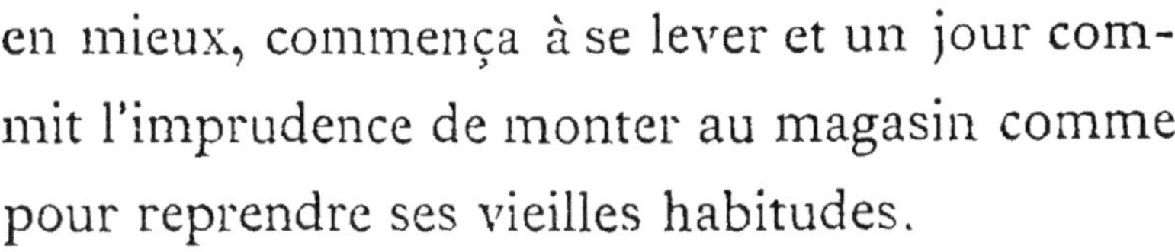

en mieux, commença à se lever et un jour commit l'imprudence de monter au magasin comme pour reprendre ses vieilles habitudes.

Ce fut pour la dernière fois.

Il se recoucha en disant qu'il ne se relèverait plus : ce ne fut que trop vrai.

C'était vers le 16 décembre.

Des symptômes beaucoup plus graves que par le passé ne tardèrent pas à se manifester. La respiration devenait bruyante et parfois suffocante, le pouls était tantôt faible, tantôt galopant ; il devint évident qu'une fièvre ardente minait cette robuste constitution. Les médecins furent d'avis que rien ne pouvait conjurer le danger et que d'heure en heure ce danger pouvait devenir imminent.

Cependant les bons soins ne manquaient pas à ce cher malade. Il ne voulait d'abord autour de son lit que ses serviteurs ordinaires et ses belles-filles, qui furent toujours assidues à le servir, mais ensuite il laissa faire comme on voulut. Une Sœur de l'Espérance et une Petite Sœur des Pauvres, exceptionnellement autorisée par ses supérieurs, furent constamment à ses côtés.

On avait bien raison de l'entourer des amis de la prière; car, rien ne lui faisait plaisir comme d'entendre dire le chapelet et prier en commun dans sa chambre. Il a voulu que votre mère fît, matin et soir, la prière au pied de son lit, parce que, disait-il, il se perdait en la faisant seul.

Jusqu'à son dernier jour, il s'y unissait de

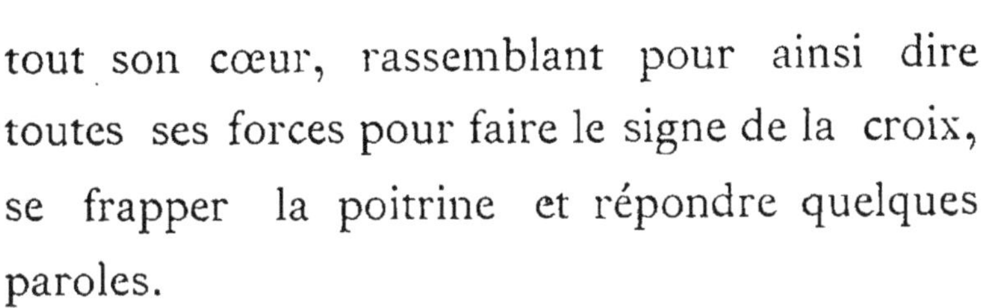

tout son cœur, rassemblant pour ainsi dire toutes ses forces pour faire le signe de la croix, se frapper la poitrine et répondre quelques paroles.

Il ne manquait pas aussi de se recommander aux prières de ceux qui le visitaient, et, chose touchante, il voulut que les plus petits d'entre vous fissent ensemble une neuvaine pour la rémission de ses péchés. Il avait grande confiance dans la prière des petits enfants. Quand l'un de vous s'en allait en pension, ne lui disait-il pas toujours adieu en ces termes : « *Adieu, sois bien sage et prie Dieu pour ton père grand ?* »

En ce moment suprême, ses affaires temporelles ne le préoccupaient nullement. Elles

étaient en ordre. Il fit pourtant venir ses fils auprès de lui pour leur communiquer ses dernières volontés. Il commença par fixer différentes sommes d'argent qu'il recommanda de donner pendant un certain nombre d'années aux différentes Œuvres dont il était le soutien, en particulier à l'Œuvre des Petites Sœurs des Pauvres, à l'Œuvre de la Première Communion, etc., ainsi qu'à certaines familles auxquelles il s'intéressait.

Il finit en disant à ses fils : « *Faites du bien, faites beaucoup de bien dans votre passage sur la terre, on n'emporte en mourant que le bien qu'on a fait.* » Ce fut tout.

Testament magnifique par lequel un père ne se préoccupe de léguer à ses enfants que l'héritage de sa charité !

Le père Epitalon ne voulait entendre parler que des choses de la religion et ne montrait aucune satisfaction pour tout le reste; il était tout-à-fait détaché de la terre et allait à la mort avec une sorte d'empressement.

A un ami, qui essayait de lui rendre l'espérance, il répéta ce qu'il avait dit plusieurs fois dans le cours de sa vieillesse : « *J'ai eu tous les bonheurs qu'un homme raisonnable puisse désirer : j'ai été heureux en mariage, j'ai acquis une belle fortune, j'ai eu de vrais amis et des enfants chéris de mon cœur. Eh bien ! si le bon Dieu me proposait de recommencer ma vie, je le remercierais et le prierais de me laisser arriver doucement au terme dont j'approche.* »

Le terme de sa vie était proche, en effet. Le malade ne prenait presque aucune nourriture, et s'occupait fort peu des prescriptions des médecins. Ainsi, pour toute potion, M. Epitalon ne voulait que de l'eau fraîche; il fallait lui obéir et lui remplir une petite bouteille qu'il approchait de temps en temps de ses lèvres desséchées par l'ardeur de la fièvre et les efforts de la respiration.

Dans ces conditions, tout espoir de guérison s'évanouissait de plus en plus et les forces diminuaient rapidement. Du reste, le malade ne parlait que de mourir et disait que le petit Jésus viendrait le chercher le jour de Noël.

On crut qu'il ne fallait plus tarder de lui procurer la grâce des derniers Sacrements, et la

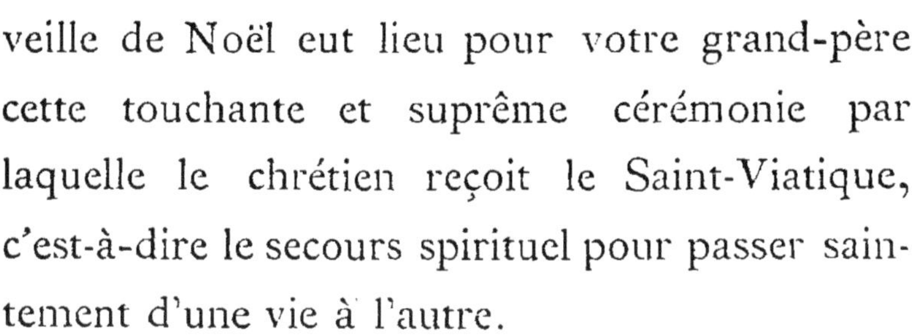

veille de Noël eut lieu pour votre grand-père cette touchante et suprême cérémonie par laquelle le chrétien reçoit le Saint-Viatique, c'est-à-dire le secours spirituel pour passer saintement d'une vie à l'autre.

Les moindres détails doivent être encore vivants dans vos imaginations frappées pour la première fois d'un tel spectacle.

Un autel avec la croix, les chandeliers, les nappes blanches, était dressé en l'honneur de Notre-Seigneur qui daignait se rendre dans cette demeure comme autrefois dans celle de Zachée.

Au milieu de cet appareil religieux et au reflet des lumières, votre grand-père, sur son lit de douleurs, apparaissait tout à la fois dans les angoisses de la souffrance et dans la sérénité d'une douce attente. Tous les membres de la famille étaient autour de leur chef, les uns fondant en larmes, les autres inspirant au cher malade de pieuses pensées et de saintes aspirations.

J'eus le bonheur, pour ma part, de lui réciter les actes avant la communion : les actes de foi, d'espérance et de charité et de provoquer cette étrange et admirable réponse prononcée d'une voix forte : « *Je pardonne tout en cuchon, comme je veux que le bon Dieu me pardonne.* »

Le bon Dieu dut agréer ce langage original, mais profondément senti.

Bientôt le prêtre entra en bénissant et en disant : Paix à cette maison.

M. l'abbé Epalle fit une courte exhortation,

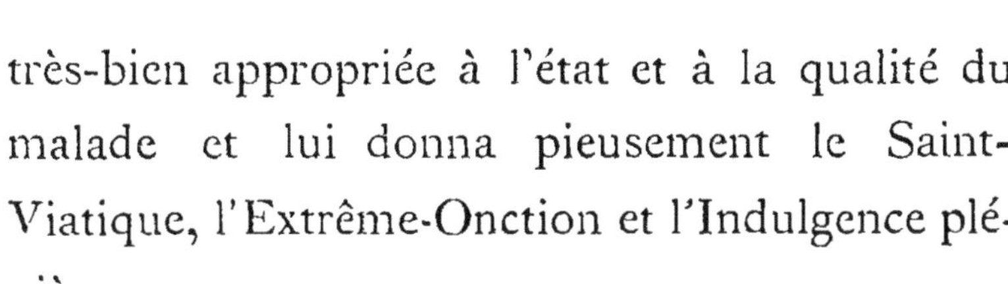

très-bien appropriée à l'état et à la qualité du malade et lui donna pieusement le Saint-Viatique, l'Extrême-Onction et l'Indulgence plénière.

Après tant de grâces reçues, on laissa M. Epitalon dans le recueillement et l'union à Dieu.

Il se figurait toujours qu'il devait mourir le jour de Noël et demandait souvent combien d'heures le séparaient encore de la messe de minuit. Cependant la nuit et la journée se passèrent au milieu de beaucoup de souffrances, mais sans plaintes et sans accident. On peut dire que le bon vieillard fut déçu en voyant que Dieu ne le prenait pas le jour de Noël ; il en éprouva une tristesse visible, il avait peur de guérir et d'attendre à l'année prochaine.

Cependant, il souffrait toujours sans se plaindre, parlait peu et se tenait uni à Dieu, disant souvent : « *Pardon, mon Dieu ; mon Dieu, miséricorde !* » Quand il joignait ses mains pour prononcer ces invocations, sa figure était rayonnante. Nul souci, nul regret, nul remords. C'était l'accent de la confiance et non de la crainte.

Le 1er janvier, enfants et petits-enfants vinrent successivement embrasser leur père ; ils osaient à peine balbutier des vœux de bonne année, il ne fallait plus parler à ce mourant chrétien que le langage de la religion, il n'en parlait pas un autre lui-même. Dans ce triste premier jour de l'an, la famille se rappelait les joyeux souhaits qu'elle faisait chaque année au bien-aimé grand-père et sa réponse accoutumée: « *Au milieu de tous ces beaux souhaits, vous oubliez le principal. — Lequel, grand-père? — Que je fasse une bonne mort.* »

N'était-ce pas le souhait qui s'imposait de lui-même en ce jour?

Cependant, à travers les cruelles souffrances du malade et les inquiétudes croissantes de ceux qui l'aimaient, le temps marchait; on était arrivé au 6 janvier, jour de la fête de l'Epiphanie. Ce jour-là, l'Homme-Dieu voulut se manifester aussi à ce chrétien fidèle. Il l'appela, nous en avons la confiance, non pas à sa crêche, mais à sa gloire.

M. Epitalon possédait absolument toutes ses facultés. Il pouvait parler, voir et entendre;

mais sa pensée était tournée vers Dieu. Il ne goûtait que les paroles de piété et ne se dérangeait que pour baiser son petit crucifix de cuivre.

Par un bonheur providentiel, il reçut dans l'après-midi la visite de son confesseur et à 4 ou 5 heures celle d'un prêtre ami et parent, M. l'abbé Gillier, qui lui donna en pleurant toutes les bénédictions que l'Eglise réserve à ses enfants à l'heure de la mort.

A partir de ce moment, des prières se firent sans interruption auprès du moribond ; à 7 heures 1/2, votre mère n'entendant presque plus le faible râle du mourant s'inclina sur son lit et reçut son dernier soupir que rien ne distingua des autres.

Votre grand-père venait de rendre sa belle

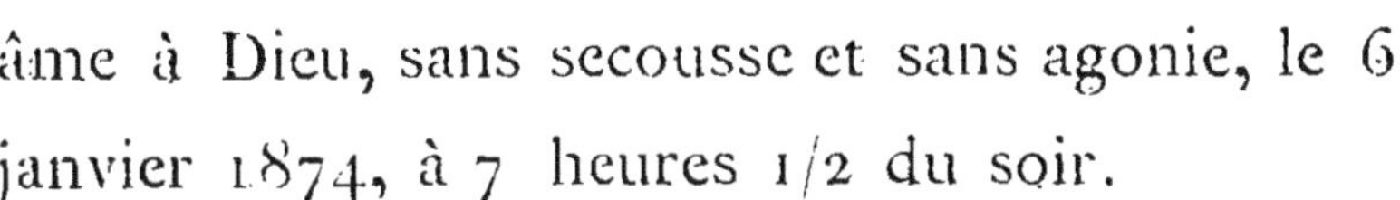

âme à Dieu, sans secousse et sans agonie, le 6 janvier 1874, à 7 heures 1/2 du soir.

Il était entré dans sa quatre-vingtième année depuis le 22 septembre.

La triste nouvelle fut aussitôt répandue dans la famille, dont les membres vinrent embrasser une dernière fois et pleurer ce père bien-aimé.

A la fin de la soirée, toute la famille se réunit pour faire la prière commune autour de son chef décédé. Quel spectacle pour vous, enfants et jeunes gens !

Le lendemain commença l'affluence des visiteurs dans la chambre du défunt. Ceux qui lui devaient des bienfaits lui donnaient des larmes et des prières ; mais ces larmes, ces prières, ces regrets n'étaient pas sans consolation. Chacun avait la pensée que l'âme sainte de ce corps inanimé était allée au Ciel. On s'empressait de faire toucher à ses mains entrelacées les croix et les chapelets avec une religieuse confiance. Ses traits amaigris n'étaient pas changés, et cette victime de la mort n'avait absolument rien de contracté ni de repoussant ; sa vie avait été celle du juste, l'expression de ses traits dans la mort fut aussi celle qu'on aime à représenter sur la figure des justes.

Quelques parents et quelques Petites Sœurs des pauvres étaient constamment en prière dans la chambre mortuaire ; des visiteurs sympathiques, en nombre incalculable allaient et venaient sans cesse.

Ainsi se passèrent les journées du mercredi et du jeudi.

Le vendredi matin tout se préparait pour les funérailles. Elles furent une sorte de triomphe qui dut consoler un peu votre famille affligée et qui réjouissait en quelque manière les amis de la vertu; car c'était le triomphe d'un homme de bien.

Dans le cortége, il n'y avait ni troupes, ni musique, ni personnages en robe : cet homme, qui avait doté sa ville d'une nouvelle maison de commerce considérable et qui avait puissamment contribué à organiser et à soutenir un vaste établissement de charité, cet homme n'était pas décoré. Mais ce concours spontané de tout un peuple, cette foule immense pleine de recueillement et de sympathie, ces prières, ces louanges, ces regrets partis du cœur ne valaient-ils pas mieux que le bruit du tambour et le tumulte des hommes officiels ?

Voici ce qu'écrivait le *Stéphanois* du 10 janvier 1874, sous l'impression de cette mémorable cérémonie :

« Comme nous l'avions annoncé, les funérailles de M. Epitalon ont été célébrées hier, vendredi. Elles ont été l'occasion d'un triomphe rendu à cet homme de bien que toute la ville aimait et vénérait.

« On y a vu ce concours, ces regrets, ce respect, qui viennent illustrer la tombe des vrais serviteurs de Dieu. Il y a longtemps que l'on n'avait assisté dans notre ville à une semblable manifestation

« En tête du convoi marchaient toutes les

communautés de la ville, les sourds-muets, les jeunes gens de la colonie pénitentiaire de Cizeron, les vieillards des Petites Sœurs des Pauvres, etc. ; les Petites Sœurs elles-mêmes étaient rangées tout autour du cercueil ; à la suite venait une interminable file d'hommes dans laquelle toutes les classes de la société se trouvaient représentées ; plus de soixante ecclésiastiques, des PP. Capucins, des PP. Jésuites, un groupe nombreux de paysans, venus de loin pour satisfaire leur reconnaissance.

« Tous les assistants formaient autour du cercueil une immense couronne d'honneur.

« Les restes de cet homme de bien ont reçu sur tout le parcours des témoignages unanimes de respect. La foule, qui regardait passer le

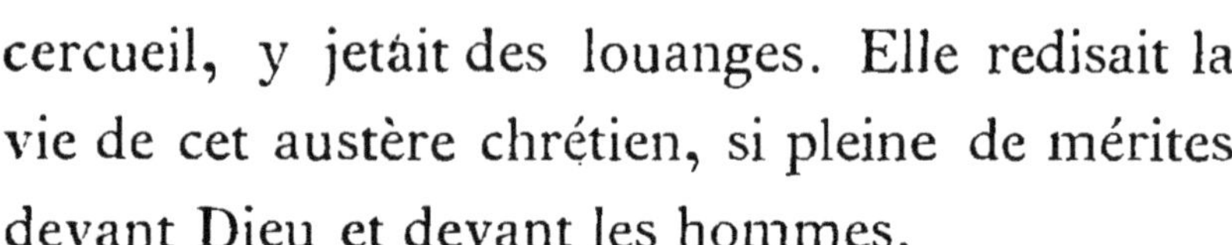

cercueil, y jetait des louanges. Elle redisait la vie de cet austère chrétien, si pleine de mérites devant Dieu et devant les hommes.

« Ceux qui ont assisté à ce touchant convoi ont pu croire que c'était un triomphe. Les triomphes de la vie appartiennent aux gens du monde, ceux de la mort sont le partage des âmes vaillantes qui ont servi Dieu et passé en faisant le bien.

« De tels hommages, ratifiés par l'opinion publique, gardent un nom de l'oubli, et qui le reçoit peut croire qu'il n'a pas inutilement vécu.

« JEAN-MARIE CHAUSSE. »

Quelques mois après les funérailles de votre grand-père, nous assistions à celles de Sœur Noémie, supérieure des Petites Sœurs des Pauvres, morte à l'âge de 35 ans.

« Elle était bien jeune pour mourir, » disait-on dans la foule sur le passage du convoi, ou bien encore : « Elle est morte à la peine. » — « Ce n'est pas ça, dit à son tour une femme du peuple, c'est le père Epitalon qui est venu la chercher ; il ne pouvait pas être heureux *au Ciel* sans ses Petites Sœurs. » Le mot fit fortune et courut la ville comme une heureuse expression du sentiment populaire.

J'arrête mon histoire à cette parole qui place votre grand-père dans le bonheur du Ciel.

Assurément, ce n'est pas une canonisation, mais c'est la voix du peuple qui vient à l'appui de notre espérance, et qui sans doute est, en ce cas du moins, la voix de Dieu.

L'ABBÉ F. CORON

Le prêtre pieux et tout dévoué à votre famille, qui a écrit les pages que vous venez de lire, a trop de droit à votre souvenir et à votre affection pour qu'on ferme ce livre sans consacrer quelques lignes à la mémoire de celui qui l'a écrit pour vous.

M. l'abbé Coron, né à Saint-Joseph, près Rivede-Gier (Loire), eut, comme vous, le bonheur d'appartenir à des parents recommandables par leur piété, comme vous il fut très-chrétiennement élevé. Il perdit sa mère de bonne heure. Elle vécut assez cependant pour lui inspirer une foi profonde et une solide piété, et dès-lors on remarqua en lui les signes de la vocation ecclésiastique. Ce fut au petit séminaire de Saint-Jean qu'il commença ses études.

Talent facile et puissamment secondé par un travail sérieux et intelligent, M. l'abbé Coron se fit remarquer au petit et au grand séminaire parmi les meilleurs sujets. Les lettres et les sciences les plus arides avaient pour son esprit des charmes variés, mais également puissants. La poésie et la philosophie partageaient ses goûts, ou plutôt les harmonisaient, et nous l'avons connu aussi agréable causeur que dialecticien distingué.

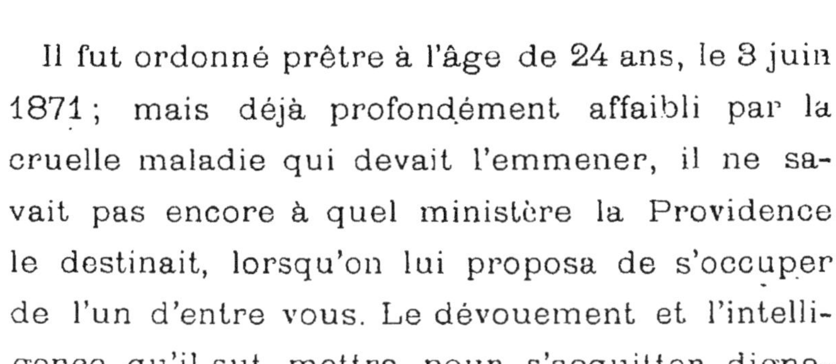

Il fut ordonné prêtre à l'âge de 24 ans, le 3 juin 1871; mais déjà profondément affaibli par la cruelle maladie qui devait l'emmener, il ne savait pas encore à quel ministère la Providence le destinait, lorsqu'on lui proposa de s'occuper de l'un d'entre vous. Le dévouement et l'intelligence qu'il sut mettre pour s'acquitter dignement de ses fonctions sont connus de Dieu et de vos bons parents.

Ce fut pendant son séjour au Maniquet qu'il apprit à connaître et à apprécier les qualités de M. Denis Epitalon. Un peu après, celui-ci mourut, laissant à tous l'exemple d'une sainte mort couronnant une vie édifiante. La reconnaissance et l'admiration furent les sentiments qui poussèrent M. l'abbé Coron à écrire sa vie; admiration pour les vertus de Denis Epitalon, reconnaissance pour la famille qui le traitait comme un de ses enfants.

Vous vous souvenez de la sollicitude avec laquelle furent écrites ces pages ; il s'en occupait sans cesse, avec une ardeur égale aux nobles sentiments qui l'animaient. Au milieu même des angoisses de la maladie et des appréhensions de la mort, il mettait tous ses soins à ce travail, vous laissant ainsi, chers enfants, en même temps que le récit des vertus de votre grand-père, l'exemple d'une énergie et d'une amitié forte jusqu'à la mort.

M. l'abbé Coron mourut le 23 avril 1875, à l'âge de 28 ans. Sa mort fut comme sa vie, pleine d'édification et de piété.

A. M. D. G.

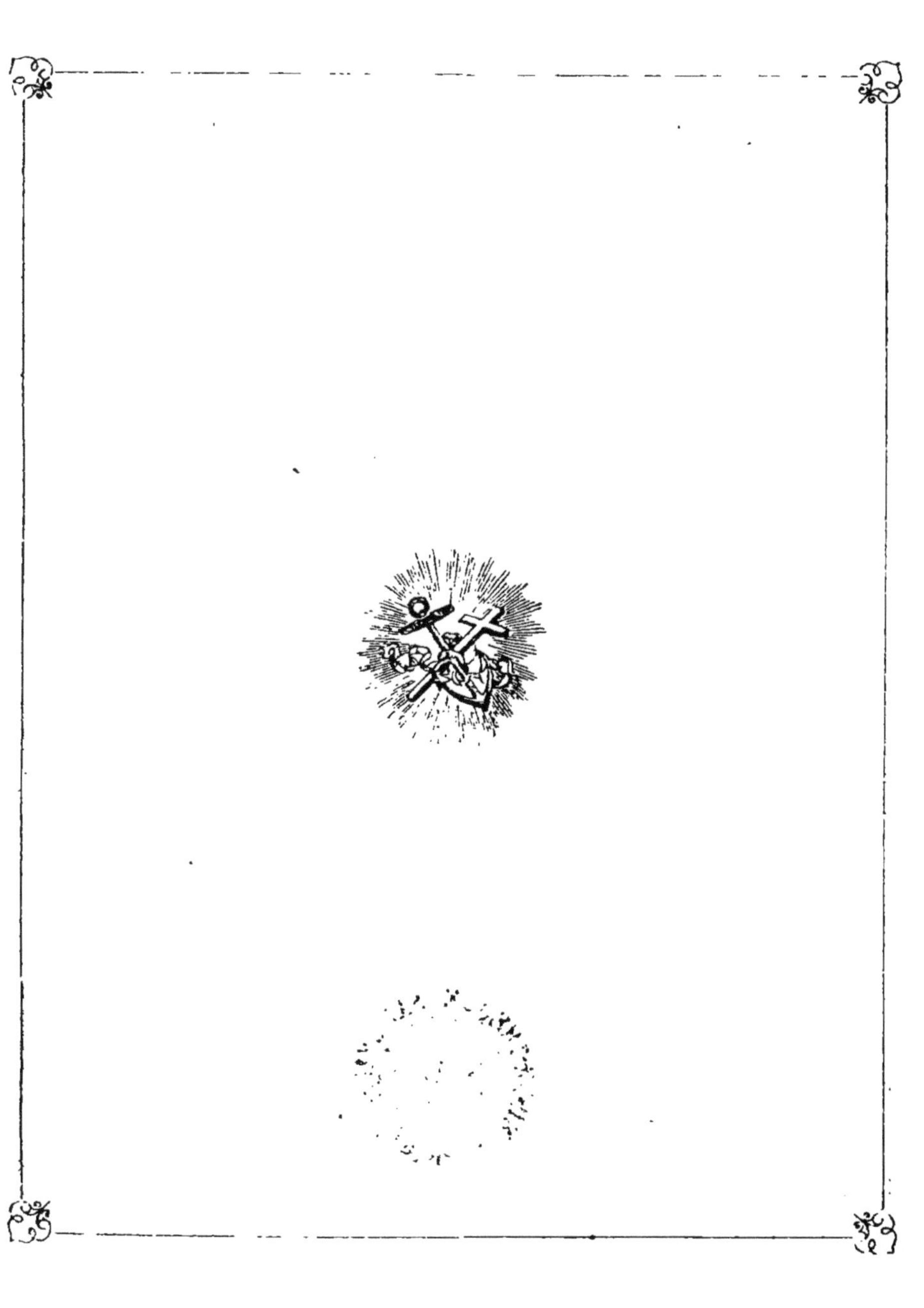

TABLE DES MATIÈRES

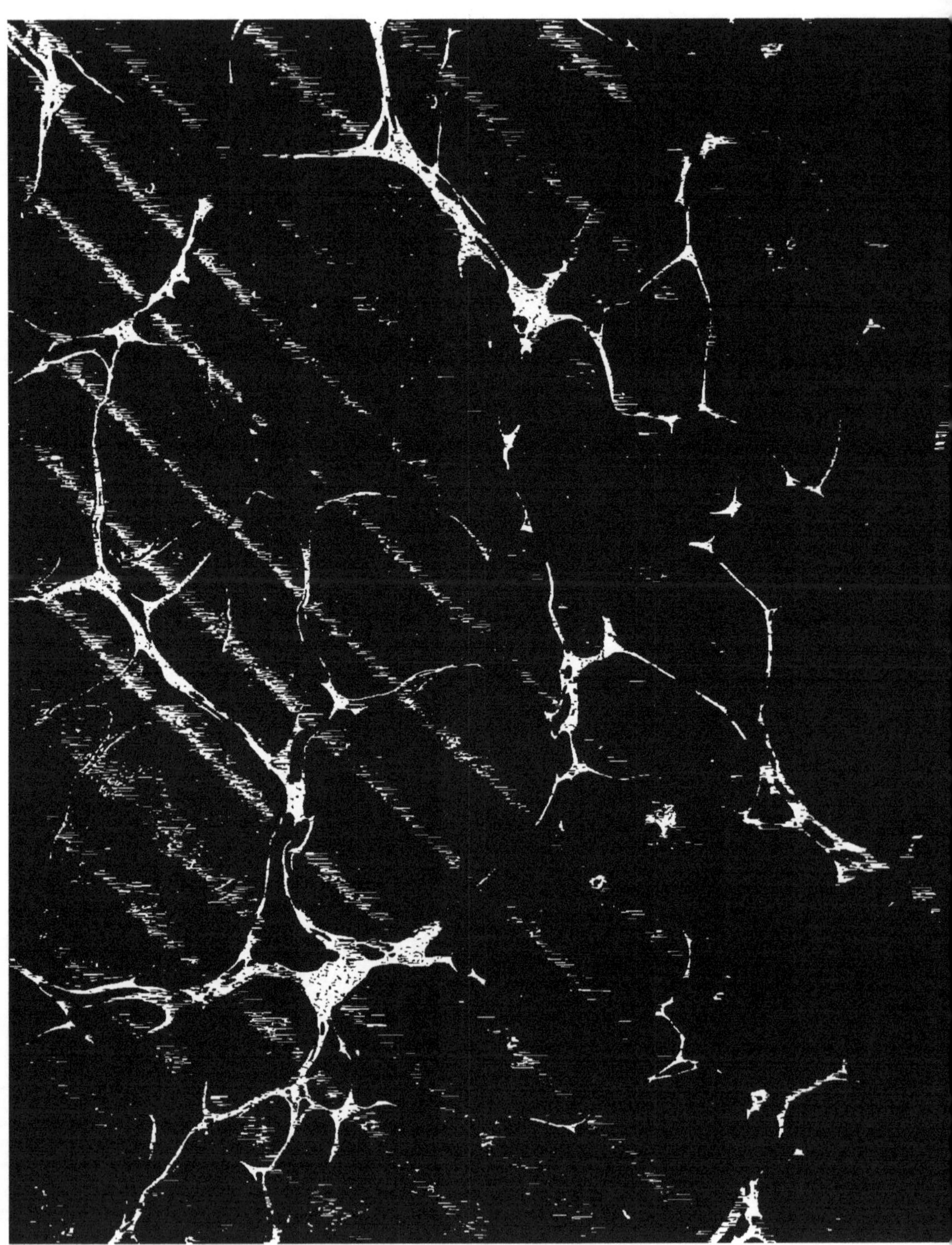

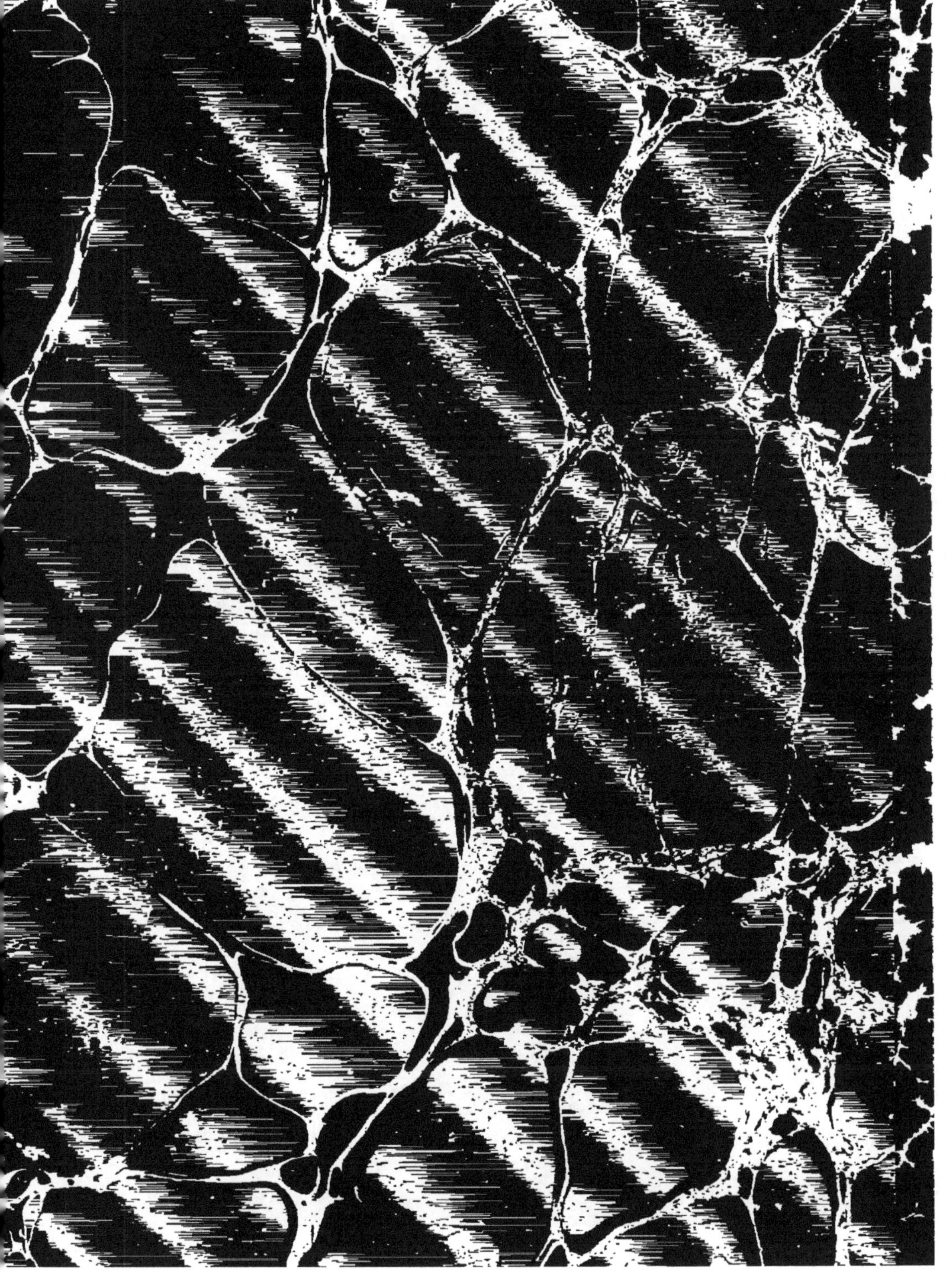

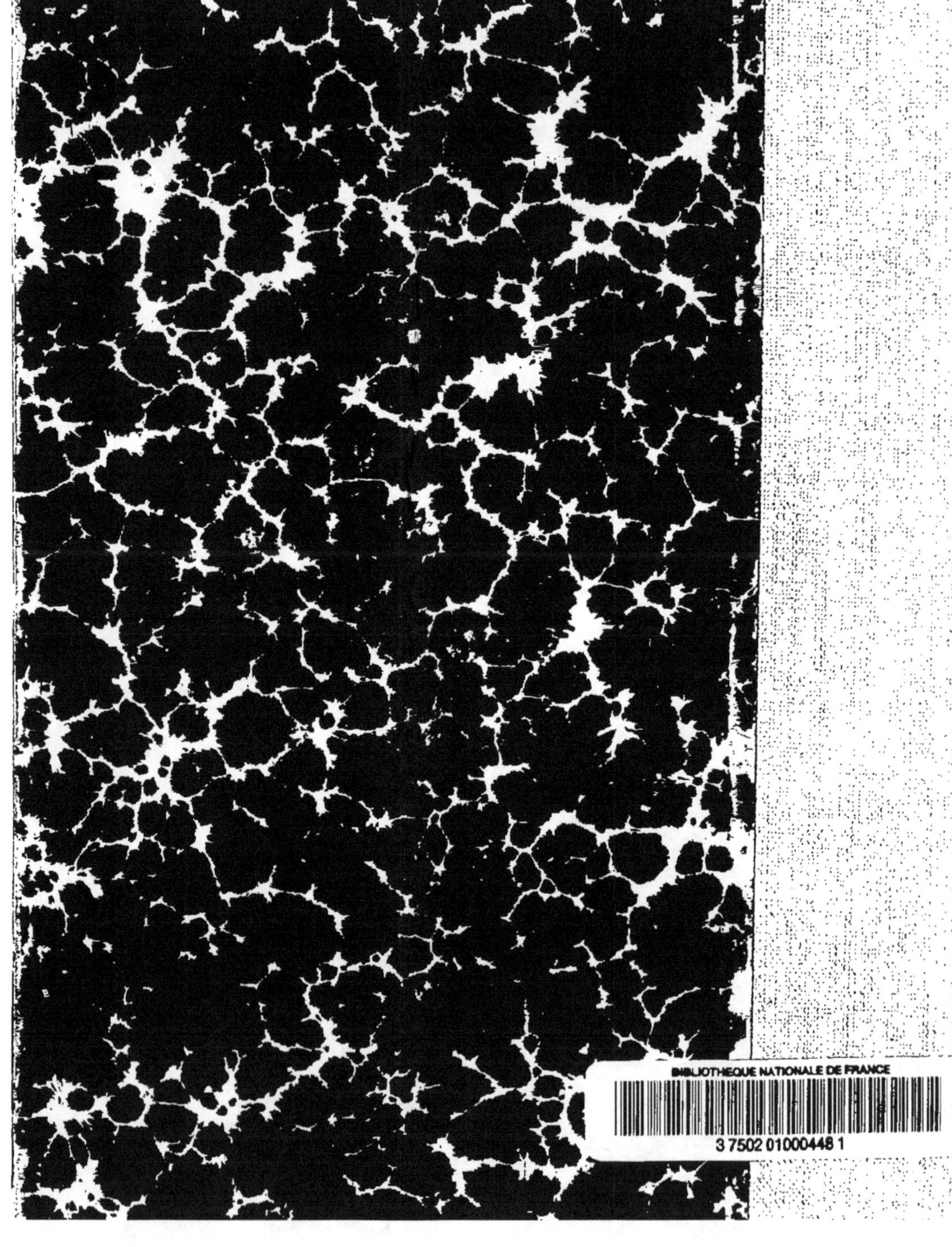

www.ingramcontent.com/pod-product-compliance
Ingram Content Group UK Ltd.
Pitfield, Milton Keynes, MK11 3LW, UK
UKHW031045260726
13965UKWH00006B/435

9 782012 984394